# 不要上巴菲特的当

凌琪◎著

中国城市出版社
·北京·

**图书在版编目（CIP）数据**

不要上巴菲特的当 / 凌琪著. —北京：中国城市出版社，2013.8

ISBN 978-7-5074-2862-9

Ⅰ. ①不… Ⅱ. ①凌… Ⅲ. ①股票投资—基本知识—中国 Ⅳ. ①F832.51

中国版本图书馆 CIP 数据核字（2013）第 171703 号

责任编辑　孙湛波（010-63560884　jambor@126.com）
装帧设计　美信书装
责任技术编辑　张建军
出版发行　中国城市出版社
地　　址　北京市西城区广安门南街甲 30 号（邮编　100053）
网　　址　www.citypress.cn
发行部电话　(010) 63454857　63289949
发行部传真　(010) 63421417　63400635
总编室电话　(010) 68171928
总编室信箱　citypress@sina.com
经　　销　新华书店
印　　刷　北京集惠印刷有限责任公司
字　　数　174 千字　　印张　14.5
开　　本　710×1000（毫米）　1/16
版　　次　2013 年 11 月第 1 版
印　　次　2013 年 11 月第 1 次印刷
定　　价　26.80 元

# 写在前面的话

股民朋友，你们眼中的股神巴菲特是什么样的?

看看媒体的描述吧：

- 一柄炒勺，芝麻炒成了西瓜，炒出世界首富的锦绣江山。
- 天赋异禀，白手起家。
- 宝相慈祥，品行高洁，妻贤子孝，幸福完美。
- 价值投资的首席传教士。
- 痛恨贪婪的华尔街投机分子，道德毛孔里没有一丝一毫的腥血或肮脏的东西。
- 投资只凭“价值”神针，从来不依赖评级机构，只依靠自己的独立研判。
- 只投资自己理解的行业，不熟悉的行当不做。
- 投资的每一只股票都获利丰厚。
- 投资赚钱很简单，你我都可以成为股神，巴菲特的成功可以复制。
- 价值投资理念久经考验，具有普世价值，是一种放之四海而皆准的创富学说。

……

无论是白天出门混饭、晚上低头回家的业余投资者，还是整日守着电脑显示屏的职业股民，有哪位中国股民朋友的心里不是供着一尊巴菲特的神像？

但真实的巴菲特到底是怎样的呢？我告诉你们，千万不要被表象蒙蔽！

我也是炒股人，同时又是财经记者和电台特邀股评人。我有职业上的近水楼台之利，有来自炒股朋友的若干启发，有长期的读书思考，也有炒股的切身经历，这让我有幸成为较早从巴菲特崇拜中清醒过来的人。现在，让我们像生物学老师一样，把巴菲特剖析一番，破解巴菲特的炒股神话。

与其说巴菲特玩的是价值投资，不如说巴菲特善于资本运作！与其说巴菲特是股神，不如说巴菲特是演绎“美国梦”财富自由大片的好莱坞巨星！庄子曰：“圣人不死，大盗不止。”任何一个应对动态市场的博弈理论一旦走上神坛，必然僵化并丧失其合理性。巴菲特的价值投资原本只是华尔街众多理论模型之一，却在中国被披上了最华丽的“皇帝的新衣”，接受无数股民的顶礼膜拜，而这些股民们竟至“流血割肉”也痴心不悔！

金融危机为我们重新审视巴菲特提供了契机。从巴菲特的身世、价值投资理念的真实有效性，再到巴菲特的道德人品，人们都提出了质疑，股神标准像上的油彩开始皲裂脱落，种种蛛丝马迹引导人们去追索股神的真相。

2009 年 8 月，路透社专栏撰稿人罗尔夫·温克勒（Rolfe Winkler）失望地写道：“我 14 岁那年就和巴菲特有过信件往来，可是到头来，我发现巴菲特的成功神话原来大都是虚构的。他的财富主要来源于纳税者。要不是政府出手营救他投资的一些企业，巴菲特的投资基本上都会打水漂。例如，巴菲特持股 27% 的伯克希尔·哈撒韦公司把 260 多亿美元投在了八家接受政府救助的金融企业上，这些公司一度从问题资产救援计划那里获得了1000多亿美元注资。而且，这八家公司发行的债券中，有75%受到联邦政府担保。若没有联邦存款保险公司的救援计划，即使是高盛这样的公司也回天无力。”

从少年时代就开始崇拜巴菲特的罗尔夫·温克勒幡然悔悟，将巴菲特斥为道德破产者。其实，从一个商人的角度来看，巴菲特的所作所为并不为过，正如巴菲特传记《滚雪球：巴菲特和他的财富人生》作者艾丽斯·施罗德女士说的：“巴菲特只是一个投资者，他就必须维护这些投资。”

巴菲特无论怎样有意无意地包装自己，都是资本家利润最大化的逻辑产物——广大投资者充当了魔术师的理想观众，在把巴菲特捧上神坛并匍匐在地的同时，自觉不自觉地中了巴菲特价值投资理念的毒。

也许你不同意我的说法，但你必须正视你的股票账目——它是你炒股的化验单，如果满是绿色，你就该想一想你是不是“巴毒”携带者。

我也曾将所有的智商、热情、理想都寄托在巴菲特浪漫缥缈的价值投资理念上，觉得自己拿到了踏上财富动车的车票，内心充满了略带眩晕的幸福感。结果，这列财富动车不仅误点，甚至遭遇悲惨的追尾事件。经历了一系列哥伦布式的投资冒险和哥白尼式的观念革命，我终于从发现巴菲特真相这个天大秘密的震惊中平静下来。如今，躺在自己打造的交易体系的“沙滩椅”上，我闲看股海风云，那个平凡而非凡的梦想已不在遥远——太阳照常升起，我就依旧赚钱；财务自由，心灵解放。

颠覆一个神话，并不需要强大的肌肉，也不需要大卫战胜巨人哥利亚的抛石器，只需要用生活常识和普通逻辑轻轻掀掉其缥缈魔化的马甲就可以了。下面就让我们掀掉巴菲特的马甲。

巴菲特有两套操作系统：草根级纯市场操作系统和帝王级云端操作系统。巴菲特所谓的价值投资理念是与草根级纯市场操作系统相匹配的，但实际上他早已蜕去了草根级纯市场操作的外壳，进入了普通投资者望尘莫及的帝王级云端操作系统——帝王级别的金权牌戏。这个系统的特征有哪些呢？简单地说，就是“超级三高”、“四大法宝”和“六味情花毒”。

“超级三高”是：

智商高——风险小，利润高。

财商高——能自我经营，自我增值。

情商高——从容淡定，宁静致远。

这“超级三高”与巴菲特所高举的“价值投资长期持有”的红旗或许有一毛钱的关系，但更多的是因为他有“四大法宝”。

“四大法宝”是：

“杆”——“高弹性碳素纤维”。各类金融杠杆，包括大规模杀伤性武器——金融衍生品交易，能让巴菲特投资业绩展现出惊人的弹跳能力。

“线”——“巴菲特公主热线”。巴菲特声称不会投资不了解的企业，在早期纯市场操作阶段或许是这样，但当巴菲特进入帝王级别的金权牌戏圈子之后，巴菲特对企业的了解早已不再依赖财务报表，而是市场高端信息。谈笑有总统，往来尽富豪，不仅能影响游戏规则的设立，更有不看底牌不出牌的特权，等待巴菲特“公主”轻轻的一个吻的“癞蛤蟆”企业始终把巴菲特的财富热线打得滚烫。

“机”——合法的印钞机。伯克希尔·哈撒韦公司旗下保险公司的存浮金，作为低成本甚至负成本资金，能让巴菲特可以在金融危机期间，一边唱着价值的歌，一边从容“买美国”。他无需理会行情，当所有竞争对手的钱袋子都见了底的时候，他总还有最后一桶金畿尼！

“琴”——“价值魔琴”。这把琴有两根弦，一根弦叫作“护城河”，另一根弦叫作“安全边际”，像德国哈默尔恩镇吹笛人的魔法一样，对小散户们有着超级的诱惑力。

巴菲特另外还有“六味情花毒”：

“魔术之毒”——无法解释，自然神秘。

“简单之毒”——因为简单，当然易行。

“低智商之毒”——略知算术，中等智商就可以操作。

“复利之毒”——不是神话，似是科学。

“鸵鸟之毒”——选好股票，然后就把脑袋钻进发财的迷梦里。

“榜样之毒”——成功模式可以复制。

可怜巴菲特的信徒和拥趸们迷恋巴菲特股票的“超级三高”，却无法识破他的“四大法宝”，在“六味情花毒”的麻醉中丧失了安全边际，最后淹死在巴菲特的“护城河”中。

草根级市场操作系统与帝王级云端操纵系统彼此掩护，“显系统”与“潜系统”相得益彰。巴菲特无法完胜市场——不可能也不必要，一桌子人打牌搓麻将，只要比对手多一丁点的相对优势就 OK 啦。巴菲特的博弈对手是谁？是市场的其他参与者，包括中国的巴菲特信徒和拥趸们！

股民朋友，在价值投资的漂亮茶几上，一眼望去有多少“杯具”啊！但更悲剧的是，你明知自己中了毒却没有解药！

如果你发现自己中了毒，就一定要想办法解毒。现在，让我们一起来配制解毒妙方！

# 目录

## 第一章　巴菲特真相

## 第二章　帝王级别的金权牌戏



**幕间茶话**



## 第三章　小散学不得巴菲特



**幕间茶话**

## 第四章　不知不觉中了毒



## 第五章　就当没有价值投资那回事

## 第六章　躺在“沙滩椅”上赚大钱

# 第一章　巴菲特真相

不要上巴菲特的当

## “姚模式”与“林模式”

无论你是否关注 NBA，对两位黑头发黑眼睛黄皮肤的球星都不会太陌生。姚明因伤退役，林书豪横空出世。姚明生于体育世家，身材特高，文凭奇低（丝毫没有贬低的意思，以其谦逊好学的秉性和多年修行积累，综合素养不亚于许多挂牌教授），小学没毕业就被父母送进了体工队。林书豪生于普通家庭，品学兼优，因学业而非体育特长进了哈佛读经济学，毕业后追逐自己的篮球梦进了 NBA，坐了几年冷板凳，锲而不舍，厚积薄发，终于一夜爆红。

两位 NBA 巨星的成功之路，分别代表了两种成功模式：“姚模式”和“林模式”。哪种模式风险更小，更能体现个体对生命价值的自由选择，更能激发普通人对梦想的追求？答案不言而喻。林书豪的成功可以拷贝，而姚明的成功只可仰观，难以复制。

同样，巴菲特也是华尔街赛场上光彩了几十年的明星，如果说他的故事属于“姚模式”，是富二代、官二代，含着金勺子出生，赢在起步线上，股神的感召力就要大打折扣了。巴菲特到底属于“姚模式”，还是“林模式”，这对于我们理解巴菲特神话具有相当关键的意义。

“提篮小卖拾煤渣，担水劈柴也靠她。里里外外一把手，穷人的孩子早当家。”巴菲特还是个小萝卜头的时候就卖可乐送报纸，这很容易让人联想起《红灯记》中小铁梅演绎的“穷人的孩子”。这个桥段尤其让草根朋友们倍感亲切、温暖，很给力、很励志啊！实际上，巴菲特是典型的官二代、富二代。

1930 年，巴菲特降生于大萧条年代的凄风苦雨之中。好在巴菲特 6 岁的时候，他父亲霍华德的生意就走出了萧条，迎来了高潮。作为证券交易商，他不仅有佣金收入，还有来自南奥马哈饲养公司的收入。钱多了，自然有条件做一名有着良好名望与声誉的好人——如果他喜欢的客人的证券行情不好，他会觉得内疚，接手买回来——没有相当的实力，这一点是很难做到的。

1936 年，巴菲特一家人搬到了奥马哈郊区第五十三大街一座有斜木屋顶的更为宽敞的都铎王朝风格的砖房里，水晶吊灯，纯银的盘子，波斯挂毯，等等，显然是当地的豪宅。霍华德甚至还囤积罐头，搞商品投机，并买下一个农场。

与豪宅相匹配的生活是悠游自在的，霍华德常常带着全家去赤褐色的联邦车站享受周日的美餐，快乐的一天收尾在中央大街的埃文斯冰激凌店。有一次，他们去北爱荷华的奥科博吉湖度假，还租了一间小房子，小巴菲特用 25 美分的价格搞到 6 听可乐，绕着湖边向游客兜售，赚了 5 美分的利润。回到奥马哈后，他从自己家的杂货店里“买”来苏打饮料，挨家挨户兜售。

美国是一个崇尚企业家精神的实用主义的社会，但即便在生活贫乏的 20 世纪 30 年代，一个小孩子不以玩耍为天职，而是一心钻到了钱眼里，无论如何都是不同寻常的。霍华德对巴菲特的金钱灌输显然是反潮流的，与以清教徒信仰为核心的社会主流价值观相去甚远。他不仅鼓励小巴菲特寓商于乐做小买卖，为他提供很多便利条件，甚至发给他金币，从直观上培养他的金钱观——如此货真价实的“教具”可不是一般人家能拿得出手的。

巴菲特八九岁的时候，霍华德就从办公室里带回大量的股票

行情分析纸带。巴菲特将他们铺在地上，用标准普尔指数来对照分析——霍华德看在眼里，喜在眉梢，从兜售可乐到市场分析，“从娃娃抓起”的战略是全方位的，也十分有效，天降大任，犹太人的经商天赋显然又一次发扬光大了。

10岁的时候，父亲带着巴菲特去纽约看棒球赛、参观邮票展，特意参观了华尔街。后来还带着小巴菲特见了高盛的老板——几十年后的次债危机中，巴菲特注资高盛，说不定也有一点童年情结在里面呢。高瞻远瞩的“造神规划”是典型的耳提面命的“姚模式”，而非林书豪式的全面发展。

“几乎从波拉德医生将他在这个世界上惊醒的那一天起，6磅重而且早产了5周的沃伦·巴菲特就对数字情有独钟”——《一个美国资本家的成长》的第一句话几乎是所有巴菲特传记的基调，对幼年巴菲特天赋异禀的渲染可谓登峰造极。实际上呢，股神的“军功章”有一半属于他老爸。

作为经济上有实力、政治上有地位的精英人物，霍华德是美国中产阶级保守道德观的代表，烟酒不沾，笃信宗教，崇尚美德，注重家庭，唯独让儿子早早地掉到钱眼里。这和他与自己的父亲（也就是巴菲特的祖父欧内斯特）的芥蒂有很大的关系。

欧内斯特是个老派人物，他始终认为证券交易不太靠谱，金融危机引发的大萧条更是坚定了他的看法——这其实是社会的主流意见。中国股市停摆了几十年后，于20世纪90年代重新开张的时候，多少家庭的两代人因为股票而争吵不休。

当霍华德作为其证券销售商供职的联合街道银行倒闭后，自己的饭碗也砸了，欧内斯特仅仅是宽限，而非豁免了霍华德在杂货店的债款。其实，只要儿子听话，老爹有什么理由卡儿子的脖子呢？更让霍华德气恼的是，老爹以当地江湖舵主——奥马哈扶轮社总裁的身份劝告门徒们不要把股票投资这类不靠谱的生意交给儿子去做。无法制止，只能挖挖墙脚，可怜天下父母心。

然后，没过多久，比倔强的父亲更倔强的霍华德宣布他的巴菲特·斯克莱尼卡公司在法纳姆大街联邦州立银行大楼里开业了。霍华德认定自己走了一条光辉的道路，并发誓不会像父亲对待自己那样对待自己的儿子，宁愿为之输送全副精力与所有资源。

就目前能看到的资料而言，巴菲特在真正步入社会、开始自己职业生涯的时候，他的国会议员、券商老板的父亲连同他父亲所能整合的强大的政治经济文化资源统统消失了，巴菲特虽是一个官二代、富二代，却完全是以一个草根散户的姿态在一个纯净的投资市场进行单打独斗。股民朋友，你不觉得这个故事可疑吗?

巴菲特从“人”到“神”是如何发生基因变异的?更具体一些，就是巴菲特的第一桶金到底是怎么来的?对于中小散户来说，最应该学习的是他如何从小散变成大鳄的，而不是欣赏他成为亿万富翁之后的作为。

余治国《巴菲特阴谋》开篇就质疑巴菲特的平民身份。巴菲特出生于奥哈马，而不是纽约费城这类“北上广”大城市，算是典型的外省小镇青年，无论是对中国人还是美国人来说，这都让草根民众感觉亲切，为他的传奇性加了分。然而，很多人都忽略了一个重要事实，他的父亲霍华德·巴菲特是镇上唯一的国民议员——看过几部美国电影，对美国社会稍有了解的人都知道，这意味着巴菲特家族拥有丰沛的政商资源和强大的经济实力。



霍华德·巴菲特 1964 年去世。在此前一年的 8 月 5 日，霍华德确定了遗嘱的内容。根据遗嘱，霍华德·巴菲特财产高达 56 万美元，他要把其中的 33 万美元投资到自己儿子小巴菲特的合伙公司上，2 万美元遗赠给内布拉斯加州卫理公会教派医院，1

万美元遗赠给以马利执事协会，5000 美元遗赠给阿肯色州的塞希哈丁大学。

这就可以解释，为什么巴菲特一开始就可以筹集 10.5 万美元，而且，也为巴菲特事业腾飞期的合伙人公司巨额新增资金“来源不明”提供了一些启发性线索。我们先来想象一下 10.5 万美元是个什么概念。

我们大致地换算一下。1973 年前美元是金本位的，一盎司固定 35 美元，也就是说，1973 年前的 10.5 万美元大致可以买到 3000 盎司黄金。按一盎司黄金现价 1700 美元计算，巴菲特当年的 10.5 万美元现在价值 510 万美元，再按 1:6 汇率算，大概价值 3060 万元人民币。

设想在当下中国，一个老爸是镇上唯一的人大代表，大学一毕业就有 3060 万元人民币创业资金的毛头小伙子，而且这钱有合法来源，你会不会认为他是草根？会不会认为他是白手起家？

1956 年，26 岁的小伙子巴菲特成立了第一个合伙投资公司，本金 17.4 万美元，在老家租了一套简陋的写字楼。从这里，沃伦·巴菲特驶上了财富的高速公路。他驾驶的不是破旧的自行车，而是一辆相当不错的汽车。

巴菲特的得意之作是 1963 年花 1300 万美元买了大量的 AMERICANEXPRESS 股票，两年后，大赚了 2000 万美金。这个 1300 万美元，据巴菲特说，占了当时他管理资金的 40%。由此不难估算出，他当时管理着 3000 万美元以上的资金。

从合伙投资公司到伯克希尔·哈撒韦公司的成立，是巴菲特投资生涯的“井冈山时期”，十分关键，而又充满谜团。新浪网上有一篇文章《还原巴菲特的部分真相》，根据巴菲特本人给出的合伙人公司 1957—1969 年的 13 年收益，用福尔摩斯的逻辑演绎，推断出以下结论：对于巴菲特掘出的第一桶金，其初始资金

10万多美金的作用几乎可以忽略不计。对他发迹真正起作用的是所谓的“新增资金”。大量新增资金的流入时间在1960年以后，根据巴菲特合伙人公司的实际收益，新增资金至少在1200万美元以上，1963年账面上才可能有3000多万美元资金。

另一条线索也可以说明这个1960年是巴菲特发迹的时间节点。巴菲特开始办公是在自己的家里，直到1962年，他才将办公室搬到外面的KIEWITPLAZA。因此，巴菲特公司的发达很可能在1960—1961年。

为求更接近事实，根据模拟，实际上巴菲特在1960年年底时需要管理1400万美元的资金，才能保证1963年底时，账面上有3250万美元的资金。

因此，具有实质意义的启动资金，应该是1400万美元或更多。1400万美元，在20世纪五六十年代肯定是个很大的数目（作为实质意义上的启动资金，在今天也不算小）。彼得林奇在1977年开始负责管理麦其伦基金时，该基金的资产也就是1800万美元。巴菲特在此仅轻描淡写地说“新增资金”，却不表明是如此巨大的新增资金，即便他说的属实，也只能证明，这个被媒体吹捧为“低调”的人，非常希望别人以为他的发迹真的是靠那10.5万美元然后复利加复利的，因为，这才是“股王”，而不像彼得林奇那样，是大牛。

对于巴菲特在伯克希尔·哈撒韦公司的表现，地球人都知道。这得益于上市公司财务报告程序和华尔街成熟的监管制度，可信度很高。幼年巴菲特被传记文学描述得惟妙惟肖，公众通过公司制度化信息披露也能比较准确地了解巴菲特成名后的投资经历，唯独巴菲特起步的关键时期的活动扑朔迷离，像是一段老旧胶片不慎被烧焦了一样。巴菲特比大男孩还要阳光明媚，对自己人生的腾飞起点却几十年守口如瓶。合理的解释就是，巴菲特希望自

己的成功能被大家归入“林模式”而不是“姚模式”。否则，非但股神的神奇光环会散去，其价值投资理念也有空中楼阁之虞。

## 股神持股为啥那么淡定

“如果我抱着，至少也翻几番了，可惜……”这样的“股市祥林嫂”很多，心里想的是淡定，手指却要搏一把，结果追涨杀跌，两边吃耳光，尝尽人格分裂式的无法解脱的痛苦。

我们单位有一个 80 后小王。2007 年 10 月份未卜先知，全身退出股市，2008 年 10 月份又获天启，携带全部身家杀入股市，时点踩踏之准令人赞叹不已。原来，他退出是因为女朋友逼婚买房，再次进入，是因为小夫妻反目，分手后卖了房子。他拿着卖房款杀入股市，买的全是大牛股，可惜一个也抱不住。他每天盯盘，频繁交易，结果是原来的两房两厅亏损得只剩下厨房和厕所。

他是单位出差最积极的一个，越是偏远的地方越是踊跃申请，但就这样也不行，因为到哪里都有网络和手机信号！

HOLD 住，说起来容易做起来很难，炒过股票的人恐怕都有一部因为“强迫式多动症”而亏得欲哭无泪的血泪史。

巴菲特的神话之一就是大智若愚，以逸待劳，风雨不动，长线持股。如果他还真有一把炒股的金铲子的话，铲把上一定结满了蜘蛛网。巴菲特有一句名言：“我们喜好的持有期就是永远（Our favourite holding period is forever）。”这就是他那众所周知的投资策略——“买入并且长期持有（Buy and Hold）”。

巴菲特最广为流传的经典投资案例就是购买中石油 H 股股

票。2003 年 4 月，巴菲特收购中国最大能源公司中石油 H 股 13.39%，成为仅次于国资委的第二大股东。巴菲特在 2007 年 7—10 月间，在 11~15 港元区间内连续卖出中石油，5 亿美元的本金卖了 40 亿美元左右，获利约 270 亿人民币，猛赚 7 倍。2007 年 11 月 1 日，中石油 H 股创出 20.25 港元的高点，巴菲特似乎卖早了，但是，数倍收益足以令小散们心跳耳热，心向往之。他们敬佩巴菲特道行深厚，在那么低迷的市道下，还能够静如处子，坐怀不乱。这说明巴菲特的价值投资理论太伟大了。

其实，巴菲特买入持有超过 15 年的股票是 14 只，买入就一直持有的股票总共有 3 只，其他的数百只股票也是进进出出。在奇高的资本利得税环境下，巨额交易成本很高，所以巴菲特尽量减少交易。陈思进、金蓓蕾在《看懂财经新闻的第一本书》里写道：纵观巴菲特超过半个世纪的投资生涯，他真正长线并重仓持有的股票总共才 7 只，最多时不超过他全部资金的 20%，最低时甚至连 10% 都不到。更何况他还是那 7 家公司的大股东，是“内线者”，所持股是不能随便抛售的，因此“长期持有”不足为奇。

“价值投资长期持有”从来就不是紧箍咒，巴菲特到什么山上唱什么歌，相当灵活。在 2003 年致股东的信中，巴菲特甚至承认没有在股市泡沫化期间脱手其几个较大持股是个重大错误。即使曾宣布永久持有的迪士尼股票，在形势发生变化时他也会彻底抛出。

据巴菲特前妻玛丽·巴菲特在《新巴菲特原则》一书中介绍，在 1998 年，巴菲特用高估的伯克希尔股票换股购并通用再保险 100% 的股份，当时通用再保险投资组合中有大量债券。巴菲特隐秘地以很高的市盈率卖出了公司投资组合中的大部分股票，而且免缴所得税。按换股价计算，其中可口可乐是相当于以 167 倍市率卖掉的。

可见，巴菲特未必淡定，未必长线持股。即便是长线持股，他也是不得不淡定，有其自身及其环境因素，与他所宣扬的草根级纯市场操作系统的灵魂——价值投资理念关系不大。

第一，交易规模影响交易策略——规模越大，动静越大，成本越高。

第二，交易组合影响交易心态——再大的投资，在巴菲特的投资组合里都没什么大不了的。

第三，交易环境影响交易风格——美国股市利得税制度设计偏向保护长期投资。

先来看看交易规模是如何影响交易策略的。

池塘里的大鳄总是非常淡定，不是它有什么淡泊明志、宁静致远的修养，而是生物进化使它形成了这种成本最低、风险最小的生存方法。频繁活动不仅能耗过高，而且容易引发池塘恐慌，惊走猎物。

巴菲特资本庞大，交易量巨大，稍微动一下就会在K线图上暴露意图，从而被别人利用（当然，也有故意暴露意图以收取钓鱼之利的）：你想以某一个较低的价位买股票，最后很可能不得不吃进高价股票；你想以某一个较高的价位卖股票，结果被对手盘窥破了天机，无人接盘，你自己只好把价格给压下去了。这就是为什么一只股票的控盘主力，无论资金多么雄厚，它的吸筹和建仓也都有一个相对缓慢的过程。普通投资者更为熟悉的基金的操作更是这样。大型偏股基金股票池中某一只重仓股的仓位不能超过10%，却可能是其对应上市公司位列前茅的大股东，只要零点几个点甚至更少的换手率，就可能将股票顶到涨停板上，或者砸到跌停板上。

和普通股民在电脑交易软件上挂单或是即时成交不一样，巴菲特的认股权行权价比市场价明显高多了。为什么呢，因为交易规模太大，所以不得不以约定的价格大量买入普通股的认股权，也就是说，巴菲特的很多股票都是在一级市场上市公司定向发行的，而不是直接从二级市场购买的。

以巴菲特 2008 年投资高盛为例。截至当年 9 月 30 日，高盛发行在外的股份一共为 3.94 亿股，巴菲特要买够 50 亿美元，即使以约定 115 美元的股价买入，也要买 4347 万股，持股比例近 10%。而当时高盛最大股东 Barclays Global Investors UK Holdings Ltd 的持股比例也只有 4.39%。巴菲特要想短期买到持股 10% 的控股权，股价早涨到天上去了。

通用电气同样如此。通用发行在外的股份一共为 99.6 亿股，巴菲特要买够 30 亿美元，即使以约定 22.25 美元的股价买入，也要买 1.35 亿股，持股比例近 1.336%。而目前通用股权非常分散，最大股东 Barclays Global Investors UK Holdings Ltd 的持股比例也只有 3.83%。

这就不难理解为什么巴菲特的投资通常是溢价收购了。2013 年 2 月 14 日，美国食品巨头亨氏集团 (HNZ) 宣布，巴菲特旗下伯克希尔·哈撒韦公司与巴西私募巨头 3G 资本 (3G Capital) 将联手以 232 亿美元现金收购亨氏，包括亨氏的债务在内，交易价值 280 亿美元。根据交易条款，亨氏股东手中每股普通股将可获得 72.50 美元现金，较该股前一个交易日收盘价 60.48 美元溢价 20%。

可见，同样是股海生存，小鱼小虾和大鳄鲸鲨的习性完全不一样。行情大涨或大跌的时候，普通股民可以像小鱼小虾一样轻松跃上浪尖，来得快跑得也快，而大鳄鲸鲨，其庞大身躯无论是进还是退，都要借助洪波涌起，否则，很容易因徒劳的折腾而消耗更多的无用功。

华尔街有“大而不能倒”的说法。同样，当行情江河日下的

时候，也有“大而不能跑”进而“大而跑不了”的现实逻辑。巴菲特说，大潮退却，才知谁在裸泳。其实，最先出丑的是那些惊慌失措的人，而不是没穿裤子的人。明知自己跑不了，就只好不跑。

在 1996 年写给伯克希尔·哈撒韦公司股东的信中，巴菲特提醒股东们：“要冷静，不要做出冒失的举动。”“如果发生大灾难导致伯克希尔·哈撒韦公司遭受巨额损失，各位股东们听到消息后一定要在惊慌中保持冷静，不要卖出伯克希尔·哈撒韦公司的股票。因为听到消息而抛售伯克希尔·哈撒韦的股票，与在暴跌的市场中因为恐慌而抛售股票的行为类似，如果抱着这种想法投资，那最好还是不要持有股票。”——巴菲特的意思当然不是要股东们不要持有，而是永远不卖。

其实，上帝造物有它的原则，在给小鱼小虾娇小身材的同时，也给了它灵活的身手，给了它细小的肠胃，给了它频繁进食的习惯。巴菲特从来就漠视甚至是有意识地忽略了这样的差异。

规模既能带来安全感，也带来了肥胖后遗症。据孙旭东在发表在《证券市场周刊》上的《王石和巴菲特心有戚戚焉》一文分析道：伯克希尔 1965—1974 年净资产的年均增幅为 14.9%，同期标准普尔 500 指数的年均涨幅为 1.4%，巴菲特每年平均超越指数 13.5 个百分点。然而，最近 10 年，伯克希尔净资产的年均增幅仅为 6.4%，同期标准普尔年均涨幅为 -1.4%，巴菲特年平均超越指数不过 7.8 个百分点。也就是说，无论是绝对值还是相对值，近 10 年来伯克希尔的增长速度都不如巴菲特刚接手公司的时候。

另据上海证券报《股神也有“保质期”？》一文分析：巴菲特最偏好的财务指标是每股净资产。他认为这是反映一家公司表现的最佳指标。不过，用这个指标来测算，巴菲特自己过去几年的表现并不能令他的崇拜者们满意。截至 2010 年，伯克希尔的每股净资产已连续两年跑输标准普尔 500 指数。而在过去的 8 年时间里，有 4 年巴菲特都没能跑赢大盘。时间轴拉得越长，巴菲特的投资表现“滑坡”得就越厉害。在截至 2010 年的 12 年中，伯克希尔公司的每股净资产增长有 5 年都不及美股大盘。相比之下，在那之前的长达 34 年中，伯克希尔公司仅有 3 次跑输大盘。

次债危机中巴菲特按捺不住抄底的冲动，伸手去接空中落下的匕首，被匕首所伤，道歉是小事，股东的损失是大事。整个 2009 年，伯克希尔的股价仅涨了 2.7%，同期标普 500 指数飙升 23%。巴菲特在 2012 年写给股东的信显示，伯克希尔·哈撒韦公司每股账面价值增长 4.6%。而道·琼斯指数上涨 5.53%，伯克希尔·哈撒韦股票年复合增长率从 20% 以上降到了 19.8%，而从 20 世纪 60 年代巴菲特接掌伯克希尔至 1997 年，该公司平均每年的回报率是 36%！

据有关统计，截至 2012 年 5 月 4 日，巴菲特旗下的伯克希尔·哈撒韦公司 B 股股票涨幅比标准普尔 500 指数的涨幅低了 3.5%；在过去的 12 个月里，伯克希尔的涨幅比标准普尔 500 指数低 5%；在过去 3 年的时间里，伯克希尔的年平均涨幅比标准普尔 500 指数低 8%。

你不能指望一个中年胖子像小伙子那样奔跑，考虑到伯克希尔·哈撒韦公司高达 1600 亿美元的庞大资产规模，要连续跑赢大市的机会越来越少了。

我们来说第二条，交易组合影响交易心态。

股神为什么能够“永远”持股，首先是“大而跑不了”，其次也是没有必要跑。巴菲特作为控股股东，享受企业长期成长带来的整体收益，所以，他可以说，股市永远关门也不怕——他当然不怕，股市关门了他还有企业，还有红利，即便经营不善，他

还有周旋的主动权。小散呢？股市关门了，你还有什么？

从巴菲特的投资组合上看，任何一笔交易对巴菲特来说，也都只是一笔小生意：他买了中石油 H 股，成为第二大股东，也仅动用了伯克希尔·哈撒韦总资产的 0.2%。再说巴菲特对高盛和通用的投资，这两个投资对象一个是投行之王，一个是电气之王，两笔投资一共 80 亿美元。对任何一个行业的领先企业来说，数亿美元都不是一个小数字。但是对巴菲特来说，权重依旧很轻，即使全亏，损失比例也不到 2.8%。2010 年 2 月，巴菲特曾斥资 270 亿美元收购美国第二大铁路运营商北伯灵顿铁路公司，被财经媒体称为真正的“大象”狩猎，在普通投资者眼中的庞然大物的“大象”，不过是巴菲特投资棋盘上的棋子“象”，占比不过 10% 左右。

我买卖股票有这样的习惯：每一次操作卖出的时候，都留下一股，算是一个纪念，有时面对红红绿绿的股票资产一览表，仿佛回到了历史现场。十多年了，因为占比太小，我从来没有想过卖掉它们。可以设想，如果我们买了一只股票，不过占我们账面资金的 0.2% 或 2.8%，我们的情绪还会随这只股票 K 线图而波动吗？我们完全可以和巴菲特一样，“不看股票，不看价格，不做差价”。

不是巴菲特的人性比你优秀，不是巴菲特比你更有耐心，更与所谓的价值投资没有必然的关联。如果巴菲特在 2008 年之后满仓都是中国 A 股的大蓝筹，例如工商银行、中石油、万科、苏宁电器、张裕、包钢稀土等，他能淡定吗？

最后说说第三条，交易环境影响交易风格。

Facebook 上市，单是公司的年轻雇员就有一千多人成了百万富翁，连当初勉强受下几千美元股票的涂鸦工大卫·崔也身价两亿。据报道，Facebook 计划在其员工的受限股票在公司 IPO6 个月之后解冻时，帮助他们支付相应的税费，为此计划增加 25 亿美元的信用额度。

美国的资本利得税高得吓人！山姆大叔说来可怜，不能征地卖地搞土地财政，也不能巧立名目搞创收，唯一的收入来源就是法定税收。每一个美国公民，即便你人在海外，即便你在所谓的避税天堂开设收益账户，也都有义务向美国政府报税，否则就是严重的偷税漏税行为，一旦暴露，山姆大叔会很生气，后果会很严重。

税收从来就是社会舆论的焦点，也是政治家为争夺选票而争吵不休的永恒主题。低调的巴菲特原本是华尔街的人格化代表，偏偏向自己的营垒杀了一个回马枪，金融危机后高呼“向我开炮！”，提出要向富人征收“巴菲特税”，立马赚来了总统奥巴马的掌声，也赚足了公众眼球。他在《纽约时报》写文章说：“没有人会因为税多而放弃一单精明的交易，1976—1977 年间 39.9% 的资本利得税也没能吓退投资者。”巴菲特认为资本利得税低于个人所得税是不公平的，是社会不和谐的催化剂，因为富人从投资中获得的利润要比其他人多得多。

资本利得税就是对低买高卖资产所获的收益征税，常见的资本利得有买卖股票、债券、贵金属和房地产等。依照美国的法律，个人和企业都要为资本利得缴税。美国股票投资的两个主要税种是资本利得税和红利所得税，其中，最影响投资人市场行为的还是资本利得税。

对于个人来说，超过 1 年的投资称为长期投资。其中，对于那些归入最低和次低所得税缴纳人群的两类人（即处在 10% 和 15% 两个普通所得税级的）资本利得税为 5%；纳税人处在 25%、28%、33% 和 35% 四个普通所得税级的均按 15% 缴付资本所得税。相比之下，投资周期不到一年的短期投资资本利得的税率较高，

与一般所得税税率相同，最高不超过 35%。也就是说，短期资本所得被视作普通所得，须缴付个人所得税。

山姆大叔对投资亏损的人怜爱有加，允许每位纳税人申报 3000 美元的净投资损失，用来减免一般所得税，剩余的投资损失还可以归入下一年继续冲抵资本利得净值。于是，每到年底报税之时，不少投资人会将亏损账户割肉，堤内损失堤外补，能捞回一点是一点。

但如果有人就此想动歪点子，先低价卖出，以亏损来减免利得税，然后再以较低价位捞回来，行不行？山姆大叔说，不行！依照相关规定，如果你卖出一只股票并在 30 天内购回，则自动放弃冲抵的机会。

在美国股市，除非有三头六臂，谁愿意带着沉重的利得税脚镣跳舞呢？自然是一动不如一静，小鱼小虾都要掂量一下一蹦一跳的成本，更别说大鳄级别的巴菲特了。

相比美国股市，中国股市可没有那么怜香惜玉，“投资有风险，入市须谨慎”像是一则免责声明——亏了活该，别怪我没告诉你！中国股民如果被套，要么断臂求生，要么痛饮一杯巴菲特“六味情花毒”来麻醉自己——价值投资长期持股，做一个消耗自己血肉的鸵鸟。

不仅是美国，西方发达国家证券市场的制度设计都偏向长期投资者，其背后逻辑正是中国股市每天在大喇叭里宣称的那样——藏富于民，分享成长，分享价值。对西方成熟股市来说，长期价值投资是“桃李不言，下自成蹊”，中国股市则“前途是光明的，现实是悲惨的”。要改变这一现状，唯有在制度设计层面上进行彻底的变革。

可见，巴菲特宣扬长期持股，确实也有条件有选择地守住了几只（始乱终弃的例子更多），不能说和投资理念没有一毛钱的关系，但也绝对不能忽略美国证券市场制度设计给投资行为模式带来的巨大影响。

## 巴菲特的投资都赚钱吗

金融危机后，伯克希尔·哈撒韦公司下属的中美能源以每股港币 8 元的价格认购 2.25 亿股比亚迪公司的股份，约占比亚迪 10% 的股份比例，交易价格总金额约为港币 18 亿元。因为巴菲特入股，三个交易日内，比亚迪股价飙升 89%。据香港《文汇报》报道，“股神”巴菲特在金融风暴中再出神来之笔，凭借比亚迪一只股票 2 个月狂赚 8.6 亿港元（约合 1.1 亿美元），相当于日赚 60 根 1 公斤重的金条，这在一定程度上弥补了巴菲特在美国股市的亏空。

这成为巴菲特投资中石油 H 股之后的又一典范之作。实际上，巴菲特失败的案例也不少，只是由于人们对成功的案例无限诠释，反复播放，而对失败的案例则选择了忽略。例如，2011 年 10 月，比亚迪 H 股最低跌到 11 港元以下，股神的浮盈已经所剩不多，和比亚迪大涨时媒体热炒不一样，泯然众人的比亚迪已经无法引发媒体的兴趣了。在形形色色的巴菲特红宝书中，股神成功的经验远远多于失败的教训。但是，如果留意新闻报道，有关巴菲特投资失败的消息并不难找。

巴菲特 1993 年以 4.33 亿美元另加伯克希尔·哈撒韦公司 1.6% 股份的代价买入一家名为 Dexter 的制鞋企业的股票，但收购之后企业一直亏损。2008 年 10 月，巴菲特投资 GE 通用电气，短

短 3 个月，亏损差不多将近 50%。巴菲特对吉列的投资也同样失败，如果不是宝洁要收购吉列，使其股价短期大涨，恐怕收益率更低。巴菲特对健康产业伟彭医疗公司（Well Point）和联合健康集团（United Health Group）股票投资高买低卖，非常失败。

如果逐年查看巴菲特写给股东的信，就会发现巴菲特认错的频率越来越高，检讨错误几乎成为一项保留节目。奇怪的是，这些非但没有给股神减分，反而为他增添了谦虚谨慎的色彩——这就是股神的人格魅力！

2008 年巴菲特栽了大跟头，并不意味着他跌了面子。覆巢之下无完卵，人非圣贤，孰能无过？巴菲特的错误不在于错误本身，而在于知错认错，但认错不改。

因为漏油事件，以及在善后处理过程中表现出的蛮横无理，康菲石油公司在中国家喻户晓，但知道巴菲特投资这家公司的人并不多。2009 年，巴菲特承认投资康菲石油是个错误，他选错了买入的时间点。巴菲特在给股东的信中坦言“2008 年我犯了严重的投资错误”。同样沉痛的检讨再次出现在 2012 年写给股东的信中：“2008 年，伯克希尔持有康菲石油股份增加了 3 倍多，当时石油与天然气价格接近巅峰。”

巴菲特认为自己错在买入的时间点，而“不问行情，只买对的”是巴菲特宣扬的价值投资理论体系中的重要内容，只要估值合理，有安全边际，任尔东西南北风，我自持股不动。

在国际情势趋于紧张和经济复苏预期刺激下，2012 年国际原油价格不断攀升，这是否意味着巴菲特对康菲投资的错误检讨也是错误的？因为巴菲特强调的是长期投资，三四年的时间能判断一项长期价值投资的对错吗？巴菲特到底是趋势投资者，还是价值投资者？

选错了买点，认错；三四年不见成效，认错。对错的标准何在？作为一名价值投资的旗手，巴菲特打着红旗反红旗，这让信徒和拥趸们情何以堪？

对于伯克希尔而言，2011 年可谓是 2008 年金融危机以来最糟糕的一个年头。巴菲特的投资组合中，银行类占比很高，银行类股票的低迷显然是拖累整体业绩的重要因素。而银行类股票正是巴菲特一直弹奏的安全边际与“护城河”理论两弦琴的主要曲目。

是市场错了，还是巴菲特的价值投资理念错了？看了 2012 巴菲特给股东的信，这样的困惑会更加强烈。巴菲特在信中承认在购买得克萨斯州部分电力运营商债券的问题上，犯下了网球术语中的“非受迫性失误”。另外，他还主动披露了五大错误：

1. 对房产市场过早乐观。巴菲特曾预言房地产复苏很可能在一年左右的时间内开始。

2. 低估能源投资风险。巴菲特斥资约 20 亿美元购买得克萨斯州公用事业公司 Energy Future Holdings 债券，但现在这些债券价值约 8.78 亿美元，市值缩水约 56%。如果天然气价格维持在目前水平，巴菲特很可能将面临更多损失。

3. 未听取反对收购的建议。伯克希尔持股的一些公司并没有为公司带来很多回报。巴菲特说自己努力展望 10 年或 20 年，但视力已经差了。

4. 高价持仓石油。巴菲特说，他预计 2008 年以后，能源价格不会大幅下降。

5. 无药可救的纺织业。巴菲特表示，2011 年做过的最蠢的事就是追求增长和扩大现有纺织业经营的“机会”。

巴菲特的五个错误，都错在判断。巴菲特唱了几十年价值投资的歌，主题就是无需关心行情，只要关注企业的内在价值就可以了。但现在呢，推测、预测、展望、希望，“房地产复苏很可

能在一年左右时间内开始”、“低估了天然气价格仍然疲弱的可能性”、“在进行一项收购时，我努力展望 10 年或 20 年”、“预计，2008 年以后，能源价格不会大幅下降”，“追求增长和扩大现有纺织业经营的‘机会’”——实际上，市场的水晶球谁也看不透，通过预测行情来实施投资，是与价值投资理念完全背离的。

巴菲特一方面高举价值投资的旗帜，另一方面在市场波动面前“认错如流”，理论与实践两张皮，各不相干，各得其所！

我一再强调，巴菲特有两套操作系统：一套是草根级纯市场操作系统，另一套是帝王级别的云端操作系统。在草根级的纯市场环境下，巴菲特的价值投资理念并不灵光，而这一现实又被他在帝王级云端市场操作的精彩表现所遮蔽了，这使得价值投资理念作为一种投资工具的种种不足不为巴菲特信徒和拥趸们所了解。

没有一个理论是放之四海而皆准的——问题是巴菲特偏偏要把这个工具包装成一把万能钥匙，而他自己在使用这把钥匙的时候却频频失手。

## 是鹰眼，还是老花眼

“护城河”概念是巴菲特贴在脑门上最耀眼的标签之一。巴菲特说过，一家真正伟大的公司必须要有一道“护城河”来保护。这道“护城河”的建设并不容易，因为在“资本动力学”的驱使下，任何能赚去高额回报的生意“城堡”都会受到竞争者重复不断的攻击。无怪乎巴菲特对于选择对象格外慎重，甚至是分外严苛的。“没有调查就没有发言权”是巴菲特最广为人知的选股准则，这在投资运通公司这一案例上就表现得非常充分。

《超级金钱》一书描述了巴菲特调研美国运通的情形。美国运通大名鼎鼎，很大程度上是因为一起色拉油集资诈骗案件，运通公司股价从 1963 年的 62.375 美元的高位跌至 35 美元，很多机构损失惨重。危机中有没有机遇呢？

“‘美国运通——仅仅是这个名号就意味着一笔很大的特许权。’这是股神对运通品牌价值（也就是‘护城河’价值）的基本判断。但是，仅有这样宏观的、直觉的判断还远远不够。巴菲特走进奥马哈的罗斯牛排屋，坐在收银员后面，一边慢条斯理地吃着 T 骨牛排，一边观察有多少美国运通的账单。他还不辞辛劳，走遍奥马哈的各家银行，以弄清那桩丑闻是否影响到美国运通旅行支票的发售。……美国运通占据了全国旅行支票市场超过 80％的份额，这样的地位是不可撼动的。股神在运通灰暗的时候买下了它，并且一度拥有这家公司 5％的股份，在接下来的 5 年里，美国运通股价从 35 美元攀升到 189 美元。”

2009 年面世的热门传记《滚雪球——华伦·巴菲特与他的人生事业》（*The Snowball, Warren Buffett and the Business of Life*）同样描述了事业上升期的巴菲特发挥侦探精神，精研股票的故事。

25 岁的巴菲特离开故乡来到纽约葛拉罕－纽曼（Graham-Newman）投资公司工作。他常去穆迪（Moody's）或是标准普尔（S & P）的办公室里找资料，寻找物美价廉的投资标的。

巴菲特发现了一个机会。马萨诸塞州有一家叫 Union Street Railway 的公司，这家公司拥有 160 辆巴士、一个游乐园，还有大把的美国政府债券和现金。每股含有 60 美元的现金，而股价只要 30 到 35 美元。为了落实这个大馅饼的真实性，巴菲特一大

早4点钟起床，乘车去实地考察。他和这家公司的总经理相谈甚欢。这位总经理不经意间还透露，公司正在考虑进行减资，发回现金给股东。最后，他们果然每股退还了50美元。这笔投资让巴菲特赚了两万美元。

在2001年给伯克希尔股东的信中，巴菲特描述了公司近期的一些收购行动：“我们已经进入了像砖头、地毯、绝缘材料和油漆这样的前沿行业，我们迎来了21世纪，请不要太激动。”巴菲特幽默地强调他聚焦于“我所了解的企业”。对“护城河”的执着，成为巴菲特对自己的价值投资理论的最好阐释。巴菲特通过类似运通公司这样的经典案例告诉广大投资者和广大信徒：我的投资是有道理的，价值投资理论和实践相结合，就能爆发强大的生产力。

10年之后，巴菲特在多个场合讲到他当时决定投资比亚迪的故事：“我和Charlie相处51年，他一共给我打过三次推荐投资的电话，前面两次也都很不错，第三次就是建议投资比亚迪。我一开始没有马上采取行动，他就打电话来说，如果你不投王传福，就错过第二个亨利·福特了。我不为所动。他又打电话来说，你不投就错过第二个爱迪生了。我还是不为所动。第三次他打电话来，说你再不投就错过第二个比尔·盖茨啦。我一听，立马就投了。”

将王传福比作亨利·福特、爱迪生、比尔·盖茨，恐怕很多国人会大跌眼镜，即便算是夸张式幽默，也忒离谱了吧。来华几天，巴菲特穿着有比亚迪标识的T恤衫，打着比亚迪的领带，口口声声比亚迪、王传福，巴菲特就真的那么了解王传福和比亚迪？股神投资比亚迪，以其“护城河”理念来看，实在难以自圆其说，是巴菲特当年的鹰眼变成了老花眼，还是所谓的“护城河”概念只是一个幌子，而实际上另有“不足为外人道也”的真相？

当然，巴菲特力挺比亚迪，也有可能是属于芒格说的“结婚前睁大两只眼，结婚后睁一只眼闭一只眼”的情况。但无论如何，在巴菲特近 2000 亿美元的投资组合中，比亚迪只是沧海一粟。

巴菲特不喜欢资本密集型行业，对有沉重债务负担的企业更是退避三舍，更倾向于投资那些靠现金流、利润或是非常少的贷款就能满足需求的企业，寻找那些拥有他所说的有“护城河”的企业。比如，有效垄断了华盛顿地区报纸市场的《华盛顿邮报》，在信用卡市场上独占鳌头的美国运通，或者品牌享誉全球的可口可乐。再如，本行业成本最低的公司（内布拉斯加家具中心），溢价出售的产品高质量的公司（诗喜糖果公司）等。那种把自己的“护城河”越挖越深，越挖越宽，而且往里塞满了无数的“食人鱼”、“鳄鱼”和喷着火的“恶龙”的企业，就是巴菲特最喜欢的企业。

比亚迪符合巴菲特的选股标准吗？比亚迪的“护城河”在哪里？比亚迪低成本高模仿度的草莽式崛起表明，他早已和竞争对手撕咬在一起了，而且，显然还是在别人的“护城河”里和“食人鱼”、“鳄鱼”、“恶龙”在撕咬。

我们稍作对照，就能发现比亚迪刚好一一对应，只是完全相反，绝对是巴菲特投资标准的反面典型。比亚迪汽车是一个资本密集、高负债的传统行业，面对技术和市场的壁垒，其增长亮点新能源汽车并没有任何优势。“在一个出售平凡产品的行业中，你不可能比你最愚蠢的竞争者聪明太多。”在新能源概念满天飞的市场上，比亚迪比最愚蠢的竞争者聪明多少？

更糟糕的是，在公众眼中似乎有道德洁癖的巴菲特，对于已延续多年比亚迪的讼事丝毫不在意。

富士康与比亚迪的纠纷前后经历了三次起诉，像一出情节曲折的商战电视剧。

2006年6月，富士康旗下的两家子公司——深圳富泰宏精密工业有限公司和鸿富锦精密工业（深圳）有限公司，以侵犯商业机密为由，一纸诉状，把比亚迪股份有限公司告上了深圳市中级人民法院，向比亚迪公司索赔500万元。

事情起因是自2003年起，富士康400多名员工陆续跳槽到比亚迪。富士康称，原富泰宏和鸿富锦两家公司的手机外观设计高级人员柳相军、司少青等人，在此期间也被比亚迪挖走，在比亚迪担任手机设计部门的负责人，并窃取原公司文件，侵犯富士康的商业机密。

当时，由于对于商业秘密认定有争议，当事人申请进行司法鉴定。后富士康在深圳申请了撤诉。

2007年6月，富士康又以同样的理由，在香港起诉比亚迪。富士康公告称，比亚迪在知情情况下，蓄意促使富士康的若干前雇员违反各自的雇用合约中须向原告承担的义务，而向比亚迪披露机密业务资料以供其使用。因比亚迪非法获得并使用富士康子公司的机密资料，致使富士康损失51.3亿元的合同。当时，富士康提出的要求包括：强令禁止比亚迪使用有关保密资料，强令比亚迪交出因使用机密资料所获得的利润及非特定赔偿。

不过，当年10月5日，由于被告主体变更，富士康向香港法院撤销了原诉讼。仅仅四天后，又于10月9日提出了新诉讼，理由同上次诉讼相同，并希望能够禁止比亚迪使用相关机密资料，没收通过相关资料所获的盈利，并提出了共计650.7万元的索赔要求。

两地三诉，历时5年多，“富士康系”与“比亚迪系”之间的知识产权纠纷，直到2012年，这场旷日持久的诉讼才出现了阶段性的判决。

2012年6月20日，香港高等法院驳回了原告方“富士康系”

的上诉。此案发展过程中，被告方“比亚迪系”曾对富士康提出反指控。该案法官最终判定，由于比亚迪在反控过程中提出的证据非常重要，并且不能明确看出，这些证据是无法成立的。因此，他认为应驳回富士康的上诉。同时，法官指出，对于比亚迪对富士康的反指控持保留意见，即比亚迪亦有可能存在诽谤或滥用诉讼程序。

比亚迪方面拒绝就此事进行回应。富士康方面的发言人则对《21 世纪经济报道》记者称，本次判决仅是针对本案法律程序上的判决，对双方之间的这一纠纷，还将继续上诉并寻求赔偿。

《21 世纪经济报道》2012 年 6 月 21 日陈莹莹的文章《富士康系与比亚迪系纠纷：富士康上诉被驳》勾勒出了这一事件的粗线条，并意味深长地点道：“富士康几番提起诉讼，并将诉讼从深圳搬到香港，应该是希望获得更公正的判决。”

郭台铭曾写信给巴菲特，问他三个问题：其一，你一直标榜只投有诚信、长期经营的公司，为何投了“偷窃富士康商业机密的比亚迪”？其二，丰田、本田等大车厂投资油电混合车领域很久才赚钱，你用何种专业知识判断比亚迪的潜力？其三，你敢不敢驾驶比亚迪整天自夸的电动双模车上下班？

在传统汽车行业，中国始终跟在西方国家的后面，追得异常辛苦。那么，中国的电动车产业能否“弯道超车”，或者说赢在起跑线上呢？巴菲特这么一位谨慎的理性投资者应该懂得，欧美发达国家的电动车距离实用还有很遥远的距离，比亚迪单有雄心壮志是远远不够的。

巴菲特入主比亚迪，引爆了新能源概念，带动了内地锂电池产业等相关股票，虽然相对活跃，但和大盘相比并没有更好的表现。新能源车至今也还只是一个概念，不少地方政府当初大干快上的万丈雄心和火爆激情已经消退得无影无踪。

2011 年 5 月，网上有一则配图新闻。“近日，比亚迪作为巴菲特投资的中国公司，受邀参加了巴菲特股东大会。而由比亚迪自主研发的具有高效能、零排放、超长续航里程的纯电动大巴 K9 则作为大会展馆外的临时交通工具，负责运送前来参加股东大会的观展客人。另外，抵达美国的第一辆电动大巴 K9 已在美国正式上牌，这标志着首度走出国门的比亚迪 K9，迈出了进军北美客车市场坚实的一步。”——“高效能、零排放、超长续航里程”，这么好的车怎么也得风靡世界啊。实际情况呢，别说进军北美，要不是深圳为了大运会而购买了一批比亚迪 K9 电动大巴，比亚迪电动车恐怕连本地市场也进不了。

比亚迪第 100 万辆汽车下线的时候，巴菲特来华捧场。对于比亚迪，他不吝溢美之词，认为“比亚迪是一家伟大的公司，我保证不会卖出”。然而受困于新能源车进展缓慢和常规车型销量下降等问题，比亚迪业绩江河日下，比亚迪股价自 2009 年 10 月 30 日触及年内高位 88.4 港元后，便一路下跌，2012 年 7 月触及 12.54 港元的低位。2013 年 2 月 18 日，在大盘触底反弹之后，比亚迪创出 32.8 港元的阶段新高。2008 年巴菲特以每股 8 港元的价格认购了比亚迪约 10% 的股份，近十倍的疯狂浮盈仅剩小半。再看 2011 年 6 月，比亚迪登陆 A 股市场后的表现。比亚迪 A 股在 2011 年 7 月 29 日创出 35.55 元的上市新高后一路走低，在 2012 年 9 月 28 日创出 13.51 元的低点。A 股自上证指数在 2012 年 12 月 7 日自 1949.46 点反弹以来，汽车板块反弹强劲，不少个股股价翻番，比亚迪股价自 14.72 元攀升至 27.97 的阶段高点，表现并不突出。无论是比亚迪 H 股，还是比亚迪 A 股，在巴菲特效应消退之后，用“泯然众人矣”来形容并不夸张。

也许投资比亚迪和投资中石油一样，对巴菲特来说只是一个小棋子，他根本就没有放在心上。好在巴菲特的虔诚信徒们并不计较，他们进行了选择性记忆，或者是选择性失忆。随着新能源电动车泡沫的破灭，坊间传出巴菲特要减持比亚迪的消息。屋漏偏逢连夜雨的比亚迪否认了这一传闻，但依旧给一个爱思考的大脑留下了回味的余地。

巴菲特到底是怎么想的，只有他肚子里的蛔虫知道。有一点可以肯定，巴菲特在买股票的时候不是慈善家，他的目的就是赚钱。能说出来的，都是光鲜灿烂的，没有说出来的，才是真正有价值的——可惜我们不知道。谁都不会因为自己的口号而束缚自己的利润。

也许，巴菲特看到他虔诚教民们如此纠结，会莞尔一笑——这是做生意，又不是陈光标撒钱，我怎么想的要告诉你吗？我是有一套价值投资理论，但是，理论是灰色的，理论再伟大，也还要和具体的中国股市实践相结合呢！

## 巴菲特也会改弦更张

2011 年 11 月 15 日，媒体消息称，一直对科技股不以为然的巴菲特竟然斥资 107 亿美元入股 IBM。股神巴菲特的一举一动果然是全球市场的“风向标”，一时间，不光 IBM 的股票价格不断创出新高，A 股市场上的科技股也纷纷坐上“直升机”。高科技的罡风似乎要把巴菲特稳健的价值投资信念的面具吹到树梢上去了。

巴菲特的“两弦琴”突然变调，不像是心血来潮。2011 年 12 月 16 日，美国股神巴菲特旗下的中美能源控股公司发表声明

说，将从 NRG 能源公司购买阿瓜卡连特太阳能发电厂项目 49％的股份。这是巴菲特一个月内第二次向太阳能行业投入巨资。同月 7 日，中美能源控股公司曾宣布与第一太阳能设备公司签订协议，收购后者价值超过 20 亿美元的托珀兹太阳能发电厂，装机容量预计高达 550 兆瓦。中美能源控股公司是美国主要风力发电厂商，也是比亚迪股份持有者。

其实，什么行业有赚钱的机会就投资什么行业，这本是很简单的事情，但巴菲特的所作所为让“巴菲特原教旨主义者”们很纠结——吸风饮露的神仙也吃上麻辣火锅了！

巴菲特一向专注的是传统行业，但夕阳无限好，只是近黄昏。巴菲特对传统行业近乎炫耀式的痴迷具有自嘲式的无奈，股神的粉丝们却把这种无奈解读为高超的智慧和卓越的投资策略。

2011 年 10 月 6 日，苹果公司官网发布讣闻，宣告苹果公司创办者乔布斯在和胰腺癌抗争了 8 年之后终于永远地睡着了。苹果公司从一个硅谷的车库公司起步，短短几十年成为世界上市值最大的公司，这是一个奇迹。但是，巴菲特却没有理会这样一个巨大的价值，这本身就暴露出巴菲特投资理念巨大的不足和缺陷。

巴菲特本身就是传统时代的产物，对传统行业的偏好与其说是出于价值考虑，不如说是处于情感偏好，与其说是情感偏好，不如说是自身的智识局限——巴菲特与乔布斯是两个时代的人，巴菲特无法理解乔布斯的价值体系。

股民朋友，如果你看过巴菲特每年写给股东的信，一定对伯克希尔·哈撒韦公司的“老人政治”印象深刻。伯克希尔公司的高层是名副其实的“元老院”，耄耋老人对新事物有接受障碍并不奇怪。

像当年格雷厄姆坚持不选择 IBM 股票一样，巴菲特坚持不投资高科技公司。“对于微软和英特尔这样的公司来说，我们不知道10年后的世界会变成什么样子……”因此，巴菲特错过了上个世纪90年代的网络热潮。

在科技股泡沫高潮时期，巴菲特说那些买了科技公司股票的投资者是因为科技股股价上升才选择购买，而不是为了长期持有——在股神的眼中，买入上升趋势中的科技股很难从业绩中获得收益，所以就不值得去买。对正常思维的投资者来说，这是很奇怪的想法——难道赚钱不是硬道理，非要套牢了才踏实？

如今，巴菲特看到了高科技股票的投机机遇，显然没有顾忌价值投资理念拥趸们的尴尬。好在巴菲特的拥趸们习惯了巴菲特指东打西、云遮雾罩的迷踪拳，他们的应对策略一是淡化巴菲特对新能源投入的诠释，二是修正巴菲特的画像，借丰富和完善的名义悄然改弦更张。

## 如果巴菲特没有杠杆



2010年11月12日，巴菲特公开表示，他从未从任何杠杆基金手中购买公司，也避免做出这样的收购，因为杠杆基金主要考虑的是“退出策略”，而“不爱经营业务”。

巴菲特的指责，让一些杠杆收购基金不爽。百仕通集团高级常务董事大卫·布里泽回应称，这样的批评有助于打击对手，而巴菲特执掌的伯克希尔公司正与杠杆收购基金在资产收购方面展开竞争。

通常来讲，杠杆收购基金会将自身或投资者的资金作为债务

抵押进行公司收购，然后通过上市退出等手段出售公司获利。包括百仕通、凯雷集团等都是这一领域的领先机构。

如我们换位思考，就不难理解“站在被告席上”的大卫·布里泽的憋屈。这很有些像是土狼指责鳄鱼不爱吃青菜，或者家鸽抱怨秃鹫的口味太重一样。其实，市场是一个开放而均衡的生态系统，每一类商业模式都有自己的存在理由和生存法则。类似PE或是VC，从某一角度看，杠杆收购基金也充当着价值发现者的角色，你可以说他是天使，也可以说他是恶魔。是扶危济困，还是巧遇豪夺，带有道德色彩的评判通常出于不同的利益视角。其实，市场运作的普世道德只能是合法经营，公平交易。满足这一前提条件，与风险相伴的利润就没有什么好指责的。

聪明的巴菲特对公众心理洞若观火，看似不经意间暗藏道义指向，便总能挠到一些民众心头的痒痒肉，为自己的道德形象加分。大卫·布里泽们也只有徒唤奈何，理由很简单，巴菲特的嘴巴更大，声音更高，在公众舆论江湖籍籍无名的一个杠杆基金经理的吐槽，即便有几分合理，又能博得几分同情呢？

如果巴菲特真的不喜欢杠杆，而且一直不喜欢，坚守自己的原则，我想也能赢得包括大卫·布里泽们在内的业内外人士的尊敬。遗憾的是，事实恰恰相反，杠杆效应之于巴菲特，好比金箍棒之于孙悟空。离开了金箍棒的孙悟空，还是降妖除魔的齐天大圣吗？

中国有句古话：“四两拨千斤。”小小秤砣能衡量几十倍甚至上百倍的重量。杠杆和秤一样，本身没有道德属性，只是一个工具，是一个既寻常又魅力十足的超级工具。

举一个买房子的例子。同样的房子，买到手后涨了一倍。如果甲是全款支付的，那么，他的投资收益是一倍；如果乙是首付一半，按揭贷款的，那么，不计算按揭的贷款利息成本，乙的投资收益就是两倍。

投资市场的杠杆效应有以下几个含义：一是用很少的钱控制很多的货；二是用很少的钱获得很多的利润；三是高利润必然有高风险。

杠杆效应的精髓是以小搏大，和传统价值观相抵牾。巴菲特的光辉形象自然主要来自超越群伦的投资业绩，同时也来自恪守传统信条的道德加分。一个行情来了赚得盆满钵满，一个行情去了把肉割得满地板都是，这样的投资者多得很。巴菲特最令人望尘莫及的是，无论行情好坏，巴菲特的财富自由之路走得又快又稳，风险这个妖魔被他牢牢地装在玻璃瓶里了——他对杠杆效应有着天然的抵抗力。他描述杠杆的俏皮话是："如果你足够聪明，就不需要它；如果你不聪明，那杠杆就更没有任何商业用途。""远离杠杆融资，没有人会因为不借钱而破产。"

巴菲特说过，毫无疑问，有些人通过借钱投资成为巨富，但此类操作同样会使你一贫如洗。杠杆操作成功的时候，你的收益成倍放大，配偶觉得你很聪明，邻居也艳羡不已。但它会使人上瘾，一旦你从中获益，就很难回到谨慎行事的老路上去。而我们在小学数学中学到，不管多大的数字，一旦乘以 0 都会化为乌有。历史表明，无论操作者多么聪明，金融杠杆都很可能带来"0"。

巴菲特不可思议的风险洁癖似乎从小就显露出来了。

根据传记《滚雪球：巴菲特和他的财富人生》的描述，股神巴菲特 6 岁卖口香糖，就已经表现出相当的风险意识。小巴菲特从爷爷经营的超市里批货，晚上就拿着绿色的小托盘去社区里一家一户敲门兜售。小托盘上有 5 个小格子，放不同口味的口香糖。有一个女人要买一片水果口味的口香糖，一包口香糖要价 5 美分，但她却只想花 1 美分！巴菲特的答复是，不分拆卖。

传记作者艾丽斯·施罗德就此评价，小巴菲特很想卖掉口香

糖，但他不会改变原则。如果拆开单卖1片，他得承受另外4片卖不掉的风险，而卖掉一整包，他可以赚到整整2美分利润。2美分，就像最初的几片雪花，是未来财富雪球的种子！

巴菲特津津有味地讲述“口香糖的故事”，显然是为了表明自己从小就是风险控制专家。而实际上，有更多的实例“对冲”了这一被“提炼升华”了的神话。从巴菲特后来的经营情况看，小巴菲特当时更可能分拆卖口香糖，因为口香糖是赊账来的，没有成本，分拆卖就能卖得更快，而风险会转嫁给爷爷的小超市。同样的逻辑发展到后来，就是巴菲特把自己的投资风险，通过隐秘而合法的渠道，转嫁给了保险公司的客户，还有纳税人和美国政府。

巴菲特后来说：“我缺钱投资。如果我对一只股票很上心，那我就不得不卖掉一些其他的股票。我厌恶借钱，不过我还是从Omaha国家银行贷了大约5000美元。因为我还不满21岁，所以我父亲不得不为这笔贷款联合署名。”可见，早在成立合伙投资公司的时候，巴菲特就通过杠杆增加收益，开始进行“泛杠杆化”操作。



巴菲特在每年写给股东的信中，开宗明义，总是宣布本年度的股票收益率，基本上都保持在20%以上。但少有人注意的是它并非股票投资收益，而是公司的每股账面净值（也就是每股净资产）！巴菲特对华盛顿邮报、吉列、运通、可口可乐、政府雇员保险公司等公司的投资为人津津乐道。事实上，这些投资的长期复合收益率并不高。那么，巴菲特的奇迹到底是如何创造的呢？

首先，是他管理新增资金的快速增加。巴菲特的基金采用的是利润分成方式，而不是其他基金采用的固定提取管理费用方式，新增资金给巴菲特带来的收入是非常丰厚的。尽管如此，巴菲特1956起家时只有10.5万美元，但到了1963年，他管理的资金就增长到3000万美元（记住，这仍是金本位下的美元），这是令人疑惑的。我们前面讨论过，“来源不明”的巨额新增资金很可能得益于巴菲特作为“官二代”和“富二代”所享受的政经资源。也就是说，“高起点”，“赢在起跑线上”本身就是一个人生杠杆，放大了常人难以做到的奇迹。

其次，也是最为关键的一点，就是巴菲特对于浮存金这一隐秘杠杆的独特、广泛而又高效率地运用。过去40多年，伯克希尔的年化收益率在20%左右，浮存金带来的杠杆（用浮存金/公司净值+1来计算）大致在1.2~2倍之间浮动，平均杠杆约为1.5倍。如果简单地把20除以1.5计算后的结果在13.2%左右。如果再进一步剔除种种杠杆的放大效应，单纯就股票投资而言，巴菲特真实的投资收益率可能也就只有7%~8%，虽然不低，但也并不惊人，与同期美国优秀基金经理相比是差强人意。

浮存金源于保险公司的业务，是在未来某个时点可能作为赔偿支付给保险客户而暂时“浮存”于保险公司的客户保费。使用浮存金，实际上就是合法挪用别人的钱，而且，不仅不用支付给客户利息，相反还收获存款利息。有人问索罗斯，为什么不用巴菲特的方法进行投资？索罗斯答：你知道，我们的钱是借来的。言下之意是，我们借来的钱成本高。

巴菲特执掌伯克希尔公司后的第一次收购行动就是在1967年买下了国民保险公司。再加上1999年收购的通用再保险公司，伯克希尔公司的资产负债表已经被保险业占了大头。巴菲特说：“自从我们在1967年开展保险业务以来，公司的浮存资金金额一直在以21.7%的复利增长。幸运的是，我们并没有为此付出任何代价，事实上，保险业务为我们带来了收入。从会计上看，这里似乎存在着问题。尽管浮存资金金额在我们的资产负债表中表现

为负债，但是与相同数量的净收入相比较，它们对于公司来说具有更大的内在价值。"

基金经理人徐天舒参加了2012年巴菲特股东大会现场。他现场提问关于保险浮存金的问题。在《巴菲特神话的密码》一文中，徐天舒说："巴老当时的回答谦逊而又朴实，他承认负成本的浮存金和杠杆率的确是成功的关键因素。"

王晓萌在《投资大围猎——你是猎手还是猎物？》一书中认为："2003年，伯克希尔拥有的保险公司提供了高达440亿美元的浮存资金！而伯克希尔的历史年平均投资收益率为22%。2003年，道·琼斯工业指数上涨25%，保守假设这440亿美元免费资金的回报仅达到11%，浮存资金2003年对伯克希尔的贡献可以超过48.4亿美元。相比之下，伯克希尔2003年的总共收益也不过是136亿美元。难怪一些西方研究者断言，若不依靠浮存资金，巴菲特的资产将大为缩水。"

同样是钱，巴菲特的浮存金与基金公司的钱不一样，不只是低成本或负成本，还在于源源不断，不会出现像基金公司那样"钱到用时方恨少"的窘况。

任何人都知道，在熊市中，特别是熊市的末期，股票价格非常低，出手买股票可以说是随地捡钱。但如果没有足够的现金，也只能错过这样的机会。只要有足够的子弹，你总能赢得最后的胜利。

基金公司则不同，受投资大众追涨杀跌的天性驱使，在最不该买股票的时候，申购资金的急遽增加，基金吃饱了还撑着；大盘下跌，投资价值开始显现的时候，基金又遭到大量赎回，可谓釜底抽薪。

浮存金的稳定性、可靠性、持续性，使巴菲特可以从容面对股市下跌，不会因投资人的赎回而卖出不该卖出的股票；也使巴菲特可以更充分地享受股市下跌的好处，不会像基金那样，在最该买入的时候资金反而最少。买入价格决定投资收益，抄底的资金相对越多，投资收益越大。

近几年，伯克希尔保险浮存金规模都在600多亿美元。很显然，零成本的浮存金的使用，放大了投资的杠杆，有益于提高投资收益。另一方面，浮存金毕竟是负债，杠杆是双刃剑，使用不好也可能加大亏损。为了降低风险，巴菲特偏好那些稳定性好、商业模式简单清晰、现金流良好的公司，而回避变化较快的高科技公司，也就不难理解了。

巴菲特面对股东，坦诚叙说浮存金的神奇作用，但面对仰望他的普通投资者却大谈价值理论，有意无意地忽略自己不可复制的优势条件。巴菲特一方面将杠杆效应运用到极致，另一方面却对杠杆交易进行冷嘲热讽，而呈现在公众面前的态度又总是那么谦逊朴实，坦率优雅，掩饰了自相矛盾、说一套做一套的两面派手法。

2013年2月，伯克希尔与巴西私人股本公司3G资本(3G Capital)联手，各自投入40亿美元收购亨氏一半的普通股。伯克希尔还将斥资80亿美元购买年息9%的可赎回优先股和权证（即允许投资者在未来某个时刻以协议价格购买股票的期权）。这笔折合每股72.50美元的现金交易中包括120亿美元的新债务和债务承担，交易总价值为280亿美元。

在“巴菲特收购亨氏的背后”一文中，艾丽斯·施罗德质疑道：“亨氏每1美元股份背有6美元债务——这一比例令公司债券持有人和评级机构感到不安。有人称此次交易是‘杠杆式收购’，巴菲特对此感到愤慨，因为他不打算将亨氏转手卖掉。这个理由很充分。然而另一方面，该交易确实像极了杠杆式收购——否则卖方也不会接受这一价格。几十年来一直在批评杠杆式收购的巴

菲特居然会签署这一交易，这似乎令人费解。不过，其中的玄机在于：在其他人看来，杠杆真实无比，但对伯克希尔来说，杠杆在很大程度上并不存在。”

艾丽斯·施罗德感叹道：“此次交易还令我们对巴菲特的资本家形象产生了细微变化。无论他令人感到多么温暖，多么慈祥，他在这笔交易中占尽便宜的做法，凸显出他和其他华尔街大鳄一样冷酷无情。”

在公开场合评述这一交易时，巴菲特将自己的巴西合作伙伴若热·莱曼（Jorge Lemann）誉为备受尊敬的商人和“人士”。就此，艾丽斯·施罗德也不无戏谑地说：“巴菲特还深谙各种激励之道，早就明白‘货币’有多种形式。比如，他和莱曼即将负责高度杠杆化的亨氏集团的运营，他如果足够聪明的话，就会用这笔名誉‘货币’在其他交易中换取真实的金钱。”显然，艾丽斯·施罗德对巴菲特将名声也进行“泛杠杆化”操作有些不以为然。

经过新增资金、浮存金，还有公司股价的一级级杠杆放大，股神升起在地平线上。

## 闻起来臭吃起来香的衍生品交易

杠杆交易早已成了巴菲特飞翔的隐形的翅膀。但是，巴菲特在真相与假象之间，更喜欢闪烁其词，卖乖卖萌。

“如果我们明显地提高伯克希尔的杠杆率——按常规的看法，这个数字仍然算是保守的，那么，我们获得的回报应该会比我们现在取得的 23.8% 的股权回报率更高。尤其在 1965 年，当时我们能够判断出，采用更高的杠杆率能获得正面效果的概率高达99%，但是我们只盯着那1%的可能性，一旦出现某些外部或者内部的恐慌因素，将会使一个正常的杠杆率造成痛苦或者违约的不良后果。”

瞧，巴菲特的剖白表明，为了这1%的可能性或不确定性，或者称为风险度，股神曾经多么纠结，经历过多么恼人的内心搏斗。股神也有弱点，也想吃点后悔药，这非但没有给股神减分，反而因为更符合人性的特点而更加真实可信。

幸好，股神战胜了人性的弱点，最终将1%的侥幸也扼杀在了萌芽状态，巴菲特决然表示：“我们一直不喜欢那些成功概率为99%的机会——而且永远也不会喜欢。我们认为，一个带来额外收入的巨大机会，也不会对冲掉一个很小的带来悲痛或耻辱的机会。”

细读巴菲特的言论，尤其是巴菲特给股东的信，很少有人不被他那细腻而坚韧的人性化描述所打动。巴菲特不只是一位投资大师，更像是一位充满了人生智慧的生活导师。他的姿态也是和蔼优雅的，常常把自己的老搭档放在前面，似乎他只是配角。

“……查理和我从来就不想一口吃成个胖子。相对于结果来说，我们更享受过程——尽管我们也已经具备了与这些情况相处的能力。什么意思？就似乎说，即便风险能够控制，我们也不冒风险。”

“查理跟我痛恨接受任何些微的风险。到目前为止，我们勉强可以接受的最大风险限度就是：吃标示过期一天的奶酪。”

“当我们找不到什么可以投资时，我们就选择美国债券，不管这些投资的报酬率有多低。”

“我和查理·芒格不会从事任何可能给伯克希尔带来丝毫威胁的活动。我们俩加起来已经167岁，可不想‘从头再来’。我

们永远铭记在心：你们，也就是我们的合伙人，往往将毕生积蓄的很大一部分投入到本公司，信赖我们的谨慎管理。此外，一些重要的慈善活动也依赖于我们的审慎决定。最后，许多因事故致残的受害人依赖于我们的保险服务。如果为了追求额外的一点利润而使这么多人面临风险，那将是不负责任的。”

巴菲特在意识与理念上，对杠杆的态度一向是非常明确的，就是杠杆率为零——没有杠杆。其实，正如我们在上面所谈到的，巴菲特不仅喜欢杠杆，而且将杠杆练成了一门出神入化的独门绝技。更有甚者，他还钟情于金融衍生品这一带有超级杠杆效益的投资方式。

2008年次贷引发的全球金融危机，很大一部分原因就是金融衍生品的过度泛滥。天使中的天使，一夜之间成了恶魔中的恶魔。人们说起金融衍生品交易，首先想的是投机，是索罗斯。而巴菲特一向排斥投机，一向回避财务杠杆、期货、动态套头保值以及其他的华尔街金融衍生魔术产品。

其实，我们检点巴菲特每年写给股东的信，细究巴菲特的交易细节，不难发现，巴菲特并不是那样的古板。他不是一个老古董。对巴菲特来说，金融衍生品像是臭豆腐，公众场合，闻起来臭，掩鼻而过，而私下里，则吃起来香，大快朵颐。

2011年巴菲特的伯克希尔·哈撒韦公司公布了2011年第三季度的业绩：金融衍生品投资造成了约20亿美元损失，由此使公司第三季度净利同比大幅下降24%，由上年同期的29.89亿美元降至22.78亿美元。同时，公司第三季营业收入上涨37%，达到38.12亿美元，与净利反向而行。造成这种尴尬局面的正是被巴菲特称作“大规模杀伤性武器”的金融衍生品。

2011年年初，巴菲特在致股东的信中透露，伯克希尔的衍生品运营主要由巴菲特本人负责，包括两种类型。第一类衍生品主要是缔结于2004—2008年间的合约，如果某些高利率债权的发行公司到期无法清偿，伯克希尔将给予赔付。第二类衍生品则是所谓的“认沽期权”，为美国、英国、欧洲和日本等地希望避免股价暴跌风险的投资者提供保险，这些合约主要与全球四大股价指数挂钩，即美国的标普500指数、英国的富时100、摩根士丹利资本国际指数及道琼斯工业平均指数等，在2004年至2008年间，他们缔结了47项此类合约，收取了48亿美元费用，这些合约期限大多是15年。

巴菲特几乎在每年给股东的信中都会细述有关衍生交易的情形，这一点往往被公众舆论选择性地过滤了。以2009年给股东的信为例。在信中，巴菲特披露伯克希尔两年前持有251个金融衍生品合约，现在这一数字是203个。

巴菲特曾坦诚，通用再保险公司的相关衍生品交易让他非常挫败。由于他的犹疑不决，没有马上采取行动结束这项衍生交易业务，导致股东们损失了大笔金钱。

“在收购通用再保险公司时，我和查理·芒格都知道这是一个麻烦的问题，并且告诉这家公司的管理层，我们想尽快从这项业务中脱身。督促执行这一计划本是我的职责所在，但我不但不强调尽快脱身，还浪费了好几年时间出售这一业务。这一努力注定失败，因为对于我们那些将要持续几十年的债务迷宫来说，根本不存在任何真正的解脱之道。我们为这些合约承担的责任尤其令人不安，因为一旦问题爆发，后果将不堪设想。更有甚之，一旦发生严重的问题，我们知道将在金融市场上引发出其他连锁反应。”



巴菲特在2006年、2007年股市达到顶峰时向匿名买家出售了49亿美元的股票衍生品，之后四大股指出现下降，导致他负债增加。如果协议到期时这些指数为零，他最多会损失约340亿

美元。

事实上，2010 年巴菲特以 265 亿美元收购的伯灵顿北方圣塔菲铁路公司（Burlington Northern Santa Fe）在衍生品投资上也损失严重。Burlington Northern Santa Fe 的股票衍生品合约比上年的损失扩大了 7 亿美元。信贷违约掉期合约的账面则从 2010 年同期盈利 5.19 亿美元变为损失 2.47 亿美元。

如果我们对巴菲特大规模交易金融衍生品有所了解，那么，金融危机中，伯克希尔·哈撒韦公司失去了信用等级最高的 AAA 评级也就不足为怪了。衍生品交易不是巴菲特的唯一涉险区域，国际信用评级机构标准普尔将伯克希尔·哈撒韦公司的信用等级由最高级别 AAA 下调为 AA+，理由是伯克希尔·哈撒韦巨资并购伯灵顿北方圣塔菲铁路公司之后，公司资金的安全性有所减弱。2009 年 11 月，伯克希尔·哈撒韦宣布将以 260 亿美元巨资并购伯灵顿北方圣塔菲铁路公司时，标准普尔就已经对伯克希尔·哈撒韦公司提出信用等级有可能下调的警告。

口头排斥，手头干着，如此自相矛盾也体现在巴菲特对有关金融衍生品的立法态度上。虽然一直对金融衍生产品持批评态度，巴菲特却游说国会在已通过的金融监管法案中加入一项关于金融衍生品的条款（该条款将使得监管机构无法要求相关金融机构为它们的衍生品交易提供担保）。联想到巴菲特也进行金融衍生品投资，虽然最后游说失败了，但还是不可避免地会让人产生疑问：到底巴菲特的真实想法是什么？

其实，如果我们将巴菲特当作人而不是神的话，那么，下面的这段话更能代表巴菲特的真实想法："有时我们的资金不一定能够找到最理想的去处——也就是经营良好、价码合理的企业，这时我们就会将资金投入到一些期限较短但品质不错的投资工具上，虽然我们很明白这样的做法可能无法像我们买进好公司那样稳健地获利，甚至在少数的状况下有可能赔大钱，不过总的来说，我们相信赚钱的概率还是远高于赔钱，唯一的关键在于其获利何时能够实现。”

一方面强调衍生品的危害，另一方面又说自己本领高强，能够逢凶化吉，遇难成祥，这和一个一再发誓远离赌桌，却又禁不住手痒，要试试运气的赌客没有太大的区别了。一个以赚钱为职业和使命的人永远在风险与利润之间摇摆和算计。

## “奥马哈年度投资者庙会”

让我们在巴菲特的引领下，回顾2010年的伯克希尔·哈撒韦公司的年会，这一年会被称为“资本主义的伍德斯托克盛会”，中国投资者更易理解的描述就是投资者庙会。

5月的奥马哈杂花生树，莺飞草长。作为伯克希尔·哈撒韦公司的股东，你事先在巴菲特给股东的信中早已知道自己的财富又增长了两成，有超过3500人和你一样“腰缠十万贯，骑鹤下扬州”，去财富的麦加朝拜股神，同时，“春风得意马蹄疾，一日看尽长安花”，参观体验伯克希尔·哈撒韦公司丰富绵长的产业链。

5月1日是星期六。哈奎斯特中心的大门会在早上七点准时敞开。八点半放映一部新的伯克希尔影片。九点半直接进入问答环节，并持续到下午三点半，中间在哈奎斯特用午餐。

离开会议去做的最佳活动当然是购物。19万平方米的相邻大厅里摆满各种伯克希尔商品。每年的销售额都能破纪录，创新

高。巴菲特也做了温情提示：如果销量上不去，他会很生气，并会把出口锁上。

政府雇员保险公司（GEICO）将设一个展台，有来自全国的优秀顾问为你服务，竭诚为你提供汽车保险建议。GEICO 将给你一个股东折扣（通常是 8%）。公司开展业务的 51 个区域中的 44 个都允许这个特别优惠。

如果你是一位骨灰级购物狂——或者只是喜欢到处看看，可以在周六中午到下午五点光顾奥马哈机场东侧的伊里亚特飞机(Elliott Aviation)。NetJet 公司的飞机舰队将让你心跳加速。

有一个随信附件告诉你如何获取参会凭证，来参加会议和其他活动。至于航班、酒店和汽车租赁，公司仍将与美国运通合作，为你提供专门的服务。

内布拉斯加家具商场（NFM）占地 77 英亩，这里将有一场“伯克希尔周末”特价促销。在博希姆珠宝（Borsheim's），将召开两场股东专场活动。首先将是一个鸡尾酒招待会，然后是一个大型聚会，和购物狂欢。开奥拓来，带奔驰走。买得越多，省得越多。

兴趣广泛、多才多艺的巴菲特还安排了令人惊喜的才艺表演。周日，在博希姆外面的大厅，两届美国国际象棋冠军帕特里克·沃夫（Patrick Wolff）将以一敌六，盲棋应战挑战者。著名的达拉斯魔术师贝克（Norman Beck）将进行精彩表演。全美顶级乒乓球运动员邢延华(ArielHsing)将在周日下午一点出现，所有的股东都可以试试运气和她较量一番，战绩最好的参赛者将获得一篮 See's 糖果。

戈瑞餐馆(Gorat's)将在 5 月 2 日周日开放伯克希尔股东专场，从下午一点至晚上十点。巴菲特每年都要推荐最爱的牛排馆——Gorat'st 的 T 骨牛排加上双份的牛肉丸，说那是天下第一美食。巴菲特说：“去年餐厅简直人满为患。今年我已经让我的朋友，皮科洛（Piccolo's）餐馆的唐纳·希恩（Donna Sheehan），我的另一家最爱的餐馆，为股东在周日提供用餐服务。”

巴菲特也有遗憾：“今年我们将不能为外国客人提供特别接待。我们国际客户去年增加了 800 个。既然今年要增加更多的国际客人，我和查理决定取消特殊接待。但是我们仍然一如既往地欢迎与会的国际客人。”

巴菲特喜欢音乐，总是不忘招呼股东们：“加入我们五月一日在哈奎斯特召开的年度伍德斯托克音乐节吧。”

股民朋友，经历了一场真实而虚拟的奥马哈之旅，你有什么感受？在这个动荡的、充满了不确定性的世界，去奥马哈参加伯克希尔公司的年会无疑是幸福的。但最大的收获可能是，原来，巴菲特赚钱与炒股票如同倒车镜和雨刷一样，虽然看上去都是汽车零件，却完全是两码事。

除了那热烈欢快的风味，巴菲特令人着迷的人格魅力，让你印象深刻的可能就是那庞大斑斓的伯克希尔·哈撒韦公司的产业版图了。你会情不自禁地惊叹：巴菲特有无穷多的股东合伙人，巴菲特有无穷多的产业。

依照巴菲特自己的分类，伯克希尔·哈撒韦公司可以分成四大事业部门：保险部门、金融部门、纯粹的投资部门和包括服务、电力等企业的实业部门。在他的产业帝国里，物质层面的吃穿用度，乃至精神层面的传媒娱乐，巴菲特几乎可以足不出户，自给自足。

不妨再举一个小例子。

那栋据说收获了 50 多年幸福生活，作为巴菲特节俭标签的投资 7 万多美元的老宅子需要再装修，即便是在 2002 年，所有的材料都可以从自家店里采购，肥水不流外人田。Acme 砖块、Benjamin 油漆、Johns-Manville 防火材料、MiTek 材料及 Shaw

地毯等。如果巴菲特要卖掉老房子，重新建造一栋房子，那么，从房屋中介到建筑施工也是他自家旗下的公司。

巴菲特到底有多少产业？在 2010 年，伯克希尔·哈撒韦公司的市值排名升至全美上市公司第 28 位，营业收入为 1124.93 亿美元，净利润为 80.55 亿美元。任何一种划分公司种类的做法，都不适合伯克希尔·哈撒韦公司。伯克希尔·哈撒韦的经营范围包括保险业、糖果业、媒体、多种经营、非银行性金融、投资、不同性质的公司或是联合大企业。较为著名的产业包括：喜诗糖果连锁店、布法罗新闻报、世界图书出版公司。伯克希尔还拥有美国捷运、ABC、可口可乐公司、噶耐特通讯社、吉列公司和华盛顿邮报的主要股份。此外，伯克希尔在 CEICO 公司的股份也举足轻重。

从制鞋、服装等制造业企业到珠宝连锁店，伯克希尔·哈撒韦公司旗下拥有为数众多的子公司。集团正式职工超过 25 万名，雇员总数在美国排第 25 位。拥有能带来大量现金的保险公司、控股和掌握经营权的子公司源源不断地为伯克希尔·哈撒韦赚取数额巨大的利润，股票和债券投资只是公司的三大支柱之一。在最近某一年的数据表明，巴菲特 3720 亿美元的资产中，只有大概 600 亿美元投资在股票上，不到 20%。无论是公司的财务报表，还是在巴菲特写给股东的信，最先谈到的总是保险业，而证券则是排在最后，股票投资只是巴菲特财富版图中的一个小角色。

伯克希尔·哈撒韦公司 A 类股股价 2013 年 2 月 19 日收盘突破 15 万美元大关，创下 15.25 万美元的历史新高，成为当之无愧的全球最贵股票。伯克希尔是典型的“美国经济细胞切片型”公司，微缩版的美国经济，它的财务报表，就是微观的美国经济版图。巴菲特看看旗下列阵如云的企业会计报表，和宏观经济学家看宏观经济指标，性质没有太大区别。股神对广大散户说：要有信心！他看看自家的形势就能大致估摸出宏观形势，而广大散户除了信仰，有多少理性依据？

从奥马哈股东大会观光回来，你们还以为巴菲特只是一个炒股票的大厨吗？你们还相信他的公司只有13.8个人（其中一个兼职，一周只上4天班）这样的玩笑话吗？

在次贷危机后的一次央视新闻里，央视财经频道记者在巴菲特的引领下参观了伯克希尔·哈撒韦公司总部，狭小的筒子楼、老旧的木质护壁、暗淡的光线……记者以虔诚的口吻强调，巴菲特的办公桌上连一台电脑也没有！股民朋友，这是央视为巴菲特做的最大神化广告！有谁见过麦当劳CEO在自己的办公室里安放着厨具？

米其林餐厅每年收入1000万美元，麦当劳每年收入100亿美元。很多人认为巴菲特是《食神》中的周星驰一样的绝顶神厨，一勺翻飞，出神入化，集天地精华，化腐朽为神奇。其实，索罗斯才是神厨。如果说索罗斯是米其林餐厅大厨，那么巴菲特就是麦当劳CEO，而不是普通投资者认为可以复制、可以学习的神厨。

## 超级财团的超级CEO

2012年4月，巴菲特向外界宣布自己罹患前列腺癌，一时间引发了舆论界对于巴菲特接班人的猜想。虽然巴菲特表示公司董事会已经确定了一名接替他担任首席执行官的人选和两名后备人选，却一直未披露这三个人是谁。而熟悉情况的人将目标锁定在了几位伯克希尔·哈撒韦公司旗下几大巨头公司的管理者身

上。巴菲特与他们相知相交几十年，彼此欣赏相互信赖，遵循共同的经营理念，分享共同的价值观、生活观。这其中包括再保险业务主管阿吉特·杰恩、铁路运营主管玛特·罗斯、能源业务主管格雷格·阿贝尔，还有两名“准候补”也颇具实力，分别是盖可保险公司首席执行官托尼·奈斯利和通用再保险集团主管蒙特罗斯。

1951 年 1 月，20 岁的巴菲特以一名学生的身份第一次参观盖可保险公司时就兴奋不已，梦想着自己的未来与这样大名鼎鼎的保险公司发生某种联系。命运之神是如此青睐巴菲特，让他梦想成真。在 2010 年写给股东的信中，巴菲特表达了对托尼的感谢与喜悦。“CEICO 首席执行官托尼·奈斯利 18 岁进入公司工作，现年已经 66 岁的托尼仍然每天跳着踢踏舞来上班，正如我在 79 岁时所做的一样。我们都为从事自己热爱的事业而感到幸运。”

“伯克希尔历史上的一项重大事件发生在 1985 年的一个周六。在阿吉特·贾殷（Ajit Jain）进入我办公室的那一刻，我立即意识到我们找到了一个超级明星。……如果有一天，查理、阿吉特和我同在一条正在下沉的船上，而我们当中只有一人能获救的话，那么就救阿吉特吧。”

在每年写给股东的信中，巴菲特都念念不忘那些动辄八九十岁，“插满了蜡烛的生日大蛋糕”的老同事老伙伴们的感怀。我们知道，在资本市场上，管理层的变动和资本的流动一样，是市场要素流动的一个重要方面。但是，巴菲特的公司文化形成的浓郁芬芳的“老狗”文化，能使得管理层保持相当的稳定，不少杰出的经理人从十多岁就开始了职场生涯，尽管后来被兼并，被收购，但是，依旧能够保持在伯克希尔·哈撒韦公司内部，成为肱骨重臣。这确实不能不令人佩服巴菲特独特的识人用人的管理才能。

让我们来看看巴菲特是如何搞经营的。巴菲特曾经说过，如果为企业选对了人，就可以完全忘掉市场行情。从对管理层的经营上看，巴菲特堪称企业界的刘备，是人性经营大师，识人善任，有发现人才、感化人才、人尽其才的大智慧。

巴菲特是可口可乐、富国银行和美国运通公司的第一大股东，并亲自出任董事。在过去 40 多年来，巴菲特担任过至少 19 家公开上市公司的董事（伯克希尔不算在内），参与重大经营决策。疑人不用，用人不疑。巴菲特的管理精髓在于大胆放权，致力于子公司的独立经营，而不是进行某种程度的监管。大部分子公司管理层也没有辜负巴菲特的期望，充分利用巴菲特赋予的独立性，用主人翁意识报答巴菲特的信任。

在 2002 年写给股东的信中，巴菲特说，伯克希尔旗下一直有一大群杰出的经理人为我们打拼着，且其中绝大部分都已经可以不必再为这份薪水工作，但他们依然坚守岗位，38 年来还没有任何一位经理人离开伯克希尔跳槽到他处上班，包含查理在内，目前我们共有 6 位经理人的年龄超过 75 岁，预期 4 年后还会再增加 2 名，那就是 Bob Shaw 跟我本人，我们现年都是 72 岁。我们的观念是：“实在是很难教新狗老把戏！”

巴菲特在 2008 年写给股东的信中说，无论是好年景还是坏时辰，查理和我都简单地紧盯四项目标：

1. 维系伯克希尔在金融上直布罗陀海峡般的位置。这意味着要有非常良好的资金流动性、适度的即将到期债务、数十个利润与现金的源泉；

2. 拓宽保护我们生意的“护城河”，这会让我们的公司具备长期竞争的优势；

3. 收购和发展新的、各种各样的利润之源；

4. 扩大和培养优秀的管理团队，这个团队要能持续为伯克希

尔创造出非凡价值。

在 2009 年写给股东的信中，巴菲特说："收购 BNSF 之后，我们现在拥有 25.7 万名员工和数百家运营分支。我们希望增加这两方的数量，但绝不允许伯克希尔成为一个充满各种委员会、预算报告和多级管理层的某种巨头。我们计划以一批单独管理的中型和大型企业的方式运营，这些企业的大多数决策都在运营层做出。查理和我将把自己的角色限于募集资本、控制企业风险、挑选经理人和制定他们的薪酬。"巴菲特至少跟 250 位以上不同公司的董事进行过涉及经营与管理的实务互动。

巴菲特总结自己的角色，认为自己与老搭档查理·芒格只有两项工作最重要，其中一项是吸引并维系优秀的经理人来经营他们的各种事业。"这项工作并不太难，通常在我们买下一家企业时，其本来的经理人便早已在各种产业展现他们的长才，我们只要确定没有妨碍到他们即可。这点非常重要。如果我的工作是组织一支职业高尔夫球队，若尼克劳斯或阿诺帕玛愿意替我效力，我实在不必太费心去教他们如何挥杆。"

奥美广告创办人大卫·奥美曾说："若我们雇用比我们矮小的人，那么我们会变成一群侏儒人。相反地，若我们能找到一群比我们更高大的人，我们就是一群巨人。"巴菲特非常谦逊，习惯于将成绩归功于公司的具体操作者。他说，只要找到好球员，任何球队经理人都可以做得不错。

巴菲特说过一个笑话：在伯克希尔，我们特别强调成本意识，我们的模范是一位准备刊登丈夫讣闻的寡妇，报社告诉她每登一个字要二毛五，于是她要求刊登"弗瑞德死了"，但报社又表示每则至少要十个字，于是这位哀伤的妇人回复：那就改为"弗瑞德死了，出售高球证"。巴菲特是一位经营人才的管理高手，也是一位成本控制大师。

巴菲特旗下的Shaw地毯公司的税前获利从2001年的2.92亿美元大幅提高到2002年的4.24亿美元。地毯的价格涨幅平均不过1%，但Shaw本身的生产力提升以及绝佳的成本控管使得该公司的毛利率依然大幅提高。

另一个经典案例是航空业务。大卫·索科尔（Dave Sokol）成为NetJets的新任CEO后，改革了旧有的领导方式，使公司实现了稳定的赢利运营，它拥有的飞机总价值超过其三大竞争对手的飞机价值总和。

韩国人申勇镇写了一本《投资天才的生财之道：像巴菲特一样等待，像索罗斯一样行动》的书，比较了巴菲特与索罗斯谁的赚钱本领更厉害。

据估算，索罗斯拥有的财富约140亿美元，大概是巴菲特财产总额的三分之一。在《福布斯》杂志最新发布的全球富豪榜榜单上，索罗斯排名第46位。索罗斯掌控的量子基金投资规模高达280亿美元，但收益率却一点也不低，在过去的27年里平均每年获利超过9亿美元。量子基金所有的资本金都来自投资者，基金所雇佣的员工不超过300名。

直接比较索罗斯和巴菲特的财富没有什么意义，但很显然索罗斯的表现更加优秀。企业界常用的评价标准是平均每位员工所创造的收益。巴菲特掌管的伯克希尔·哈撒韦公司2009年一年创造财富218亿美元，是索罗斯量子基金收益的24倍，但是伯克希尔·哈撒韦公司的雇员超过25万人，而索罗斯的员工不超过300名，前者人数是后者的800倍。相较而言，索罗斯更胜一筹。

如果说索罗斯财富的关键词是“投机”，那么，巴菲特财富的关键词就是“控股”。控股公司指的是不直接从事生产经营业务，凭借持有其他公司的股份进行资本营运的一种企业形式。掌控公司经营是巴菲特的始终不渝的信念，这一点从巴菲特的“延

安”时期——投机伯克希尔·哈撒韦公司的过程就能清晰地表明这一点。

1962年，伯克希尔·哈撒韦公司的股票首次进入巴菲特的投资组合，巴菲特平均为每股股票支付了7美元。巴菲特购买股票时，担任伯克希尔·哈撒韦公司总经理的西伯格·斯坦承诺几年以后会以每股11美元50美分的价格回购股票，然而这位经理最终却食言了，他不愿履行承诺回购股票。恼火的巴菲特开始从西伯格·斯坦长子和伯克希尔·哈撒韦公司当时的董事长手中收购股票。1965年，巴菲特最终掌握了公司的经营权。此后，伯克希尔·哈撒韦公司逐步由一家生产和出售纺织品的实业公司转变成了投资公司，直到最后变成一家纯粹的控股公司。

买下伯克希尔·哈撒韦之后，1967年巴菲特购买了国民赔偿公司的股票，伯克希尔开始涉足保险行业。1969年，巴菲特又购买了出版公司和提供金融服务的公司，伯克希尔·哈撒韦的经营种类越来越多。巴菲特的外祖父曾经拥有一家报社，巴菲特的母亲也曾在报社工作，继承了家族传统的巴菲特持续关注着报纸行业的发展，直到后来巴菲特买下了华盛顿邮报。

经过四十多年的发展，从资本结构上看，伯克希尔·哈撒韦公司好像最现代的航母集群，防护、保障、进攻各项功能十分均衡和完善。既有传统的声呐装置，也有最现代的天空一体的电子装置，使得庞大的公司具有异常的防护能力，这主要体现在保险和再保险资产上。在偿付能力方面，通用再保险集团是标准普尔公司认定拥有3A偿债能力信用级别的五家非政府金融机构之一；在净保费收入方面，国家保险公司已经成为全美十大保险商之一，同时也是世界上资本最为雄厚的保险商之一。

30岁出头的年轻巴菲特就已经完成了从一个炒股者到资本经营者的基因突变。此前，他是鸡雏窝里的鹰雏，在同伴们眼中有些奇异，但还没有被视另类。但此后，鹰击长空，扶摇直上，而那些长大了的鸡们则开始仰望天空，膜拜不已。他们说，看啊，那是一个“神鸡”！

由此我们可以看到，所谓股神“不搞实业经营”是多么大的谬误。“买股票就是买企业”，对巴菲特来说，不是什么虚妄的理念，而是切实需要——你如果不像巴菲特一样成为控股股东，或者大股东，你如何能做到了解企业呢？企业有义务向你报告核心的经营秘密吗？巴菲特价值投资的信徒们，如果你们也以买企业的心态去投资股票，那靠谱吗？

幕间茶话

## 散户不愿面对真相

“不走出巴菲特误区，小散户永远也摆脱不了被宰割的命运。”牛卫东说。牛卫东是我从小一起长大的好朋友。在华尔街做过分析师，做过投行经理，前两年成为一家投行在亚洲公司的高管，常驻香港。

“但我敢打赌，你想还原巴菲特真相，吃力不讨好，做的是无用功。”我能想象他跷着二郎腿，撇着嘴角，一脸坏笑的模样。他的落地窗外就是湛蓝的维多利亚湾。

“我相信散户的觉悟。”我反驳说：“中国的股市现状实际上已经宣布了巴菲特主义的破产。”

“散户也有觉悟？散户是什么，散户就是乌合之众，在八国

联军的时候他们是义和团，在辛亥革命的时候他们是阿Q，在‘文革’的时候他们是红卫兵，他们永远都是土壤，是背景，是波涛，是被一小撮人利用的群众。”

电话那边传来牛卫东刻薄的声音，夹杂着勺子碰击瓷杯的清脆声音，一定是漂亮的女文员送来了一杯浓郁的咖啡。

“为什么如此贬低散户的理性，理性偏爱真相，我说的是真话。”

“真相很简单，很枯燥，很无趣，最关键的是，小散户们在心理上排斥真相，不愿意面对真相。你知道吗，每揭示一个真相，实际上就推倒了一座神像——对大多数人来说，这是非常可怕的事情。”牛卫东的口气就是这样，自信中透着蛮横。

牛卫东接着说：“真相与他们几十年的人生经验和价值观念不符，他们需要为此付出沉重的心理代价和精神代价。认识真相首先需要自我反省，重新构建一个思维体系，这些都需要消耗大量的脑细胞。散户们可以干活，可以流汗，可以忍受严重的损失，但是，脑细胞是不能死的。所以，他们情愿赔掉裤子也不愿意自我革命。他们习惯于躺在他们自己破旧而舒适的思维沙发上期待奇迹。所以，你如果想布道，就免了吧。道可传，不可授。”

# 第二章　帝王级别的金权牌戏

## 法律许可的“完美擦边球”

股民朋友，股神巴菲特也有烦心事！

2011年，索罗斯光荣退休，将权杖交给了他的两个儿子。至于一旦“渔阳鼙鼓动地来”，索罗斯是否重新披挂，那全看自己的心情了。子承父业，平稳过渡，无论东方传统还是西方文化，都算功德圆满，令人羡慕不已。

相比之下，与索罗斯同龄的股神巴菲特的接班人问题一波三折。2011年3月30日，刚刚结束亚洲之旅的巴菲特沉重地向外界证实：他的头号接班人选、伯克希尔·哈撒韦下属中美能源控股公司董事索科尔递交了辞呈。

由伯克希尔·哈撒韦公司董事组成的一个审计委员会发布报告，认定公司前高管大卫·索科尔应该对围绕路博润公司的股票内幕交易风波负全部责任，并称索科尔误导了包括巴菲特在内的公司董事会成员。

索科尔何许人也？2000年，他将自己领导的中美能源控股卖给了伯克希尔。在比亚迪等重要投资项目中，索科尔起了重要作用。他还成功地帮助伯克希尔旗下的商务飞机业务奈特捷重获新生。诸葛亮挥泪斩马谡，巴菲特除了迅速撇清责任，连承担一点“领导责任”的意思都没有，作为巴菲特的旗下大将，索科尔会做何感想？

大致故事情节是：索科尔买入路博润公司的股票后，伯克希尔公司2011年3月14日以90亿美元的价格购买了路博润公司，粗略估算，索科尔浮盈近300万美元。事情发生后，巴菲特也曾力挺索科尔，说他早就知道，索科尔主动报告了这些交易，索科尔并不认为自己的行为违法。听巴菲特的口气，这不过是无伤大雅的小事一桩。

巴菲特显然希望能淡化处理这件事，虽然在生意上这是小事，但对于洁白无瑕的巴菲特的道德羽毛来说，却是一个扎眼的污点。美国证监会SEC曾经两次检查巴菲特的投资行为和公司经营行为，都没有发现违法行为。不像索罗斯的量子基金曾经遭到过内幕交易的指控，索罗斯选择了花钱消灾，认赔了事。但是，未被法律制裁，并不意味着一尘不染。相反，游走于灰色地带，在法律之内和道德之外的灰色地带行走，是古今中外所有成大事者的共同特点，巴菲特似乎也不能免俗——巴菲特的圈子完全有能力做这样的交易。“不为也”与“不能也”完全是两个概念。对于多数普通投资者而言，期盼内幕交易，“非不为也”，“是不能也”；对股神来说，如果他严格自律，常在河边走就是不湿鞋，那他是“非不能也，是不为也”。

2011年11月14日，巴菲特接受CNBC电视台专访时，强调自己选择股票投资是独立决策时，打了个比方。他说，即使美联储主席伯南克来见我，在我耳边小声告诉我他明天将会做这件事那件事，我也根本不会改变我对自己想要买入股票的公司的看法。股民朋友，对股神的这番俏皮而大义凛然的话，你信吗？

实际上，巴菲特接到过无数次这样的电话。远的不说，就说2008年那个多事之秋吧。保尔森一通电话请求巴菲特支持高盛，讲明政府会出手救AIG。当时救助雷曼只需10亿美元，救高盛需要50亿美元，他为何不救雷曼，而救高盛？答案再明显不过了，救活了AIG，高盛自然就喘过了气。这不是内幕交易是什么？

在索科尔事件中，无论巴菲特是否知情，是否真的被误导，这“无伤大雅的小事一桩”都是一只“小蟑螂”。依据巴菲特的蟑螂理论，我们是否有理由怀疑，在伯克希尔公司的碗橱里，甚至巴菲特本人的皮袍里，还有未被发现的“蟑螂”呢？

从严格的法律角度看，法官大人还没有捉到一只“蟑螂”，但明眼人能察觉到“蟑螂”的隐约踪影和依稀气味。

就说说 AIG 财务丑闻的事儿。2005 年 4 月，巴菲特因 AIG 财务丑闻牵连，而面临美国证券交易委员会（SEC）、纽约州总检察长斯皮策和美国司法部的质询。青萍之末是五年前的一张再保险保单。下面环环相扣，疑窦丛生的叙述来自网上资料的整理。

话说 2000 年，AIG 与伯克希尔·哈撒韦公司旗下的通用再保险公司签订了一笔再保险合同。从 2000 年至 2001 年间，通用再保险将 5 亿美元预期理赔金转移到 AIG，随同转移的还有 5 亿美元的保费。AIG 将这笔保费计为公司的保险收入，随后向准备金中增加了 5 亿美元。另一方面，通用再保险在完成这笔交易后，收取了 500 万美元的佣金。

在保险业内，再保险公司一向通过收取佣金来与保险公司分摊保单的风险，而保险公司有时也乐于将可能面临的风险，通过给自己所持有的保单进行“再保险”的方式转嫁给再保险公司。然而，AIG 和通用再保险的交易之所以引起了各方的非议，是因为调查人员怀疑这两家公司之间达成的再保险交易根本不存在风险。这样一来，再保险交易就成了融资的工具，直接粉饰了 AIG 当期的财务状况。后来，AIG 承认所签订的再保险合同确实有不恰当之处，这成为巴菲特不得不接受监管部门质询的重要原因。

故事中还有故事。澳大利亚爆出的金融丑闻大案，也与这家通用再保险公司有关。1998 年，通用再保险和同属伯克希尔·哈撒韦的国家火险公司给一家名叫 FAI 的公司出售再保险产品。而 FAI 公司不久便被澳大利亚的第二大保险商 HIH 公司收购，但这笔收购没能给尚处于快速增长状态的 HIH 公司带来好运。到 2001 年时，HIH 公司因无法消化收购来的不良资产，突然宣告破产。

目前的调查发现，伯克希尔·哈撒韦的这两家子公司在出售再保险产品给 FAI 的同时，与其秘密商定，FAI 在三年内不得向他们两家公司寻求保险赔偿，这其实在很大程度上弱化了再保险转移风险的功能，实质上是起到了短期贷款的作用，FAI 公司的资产负债表也因此被美化，继而导致了 HIH 公司利润虚增。

澳大利亚管理部门以此为由，已禁止通用再保险公司的 6 位主管在该国从事保险业活动。随着调查的深入，澳大利亚监管部门发现，多数被查有问题的再保险合同都是来自通用再保险公司位于爱尔兰的一个团队，而爱尔兰向来被认为是世界上对再保险业务监管最不力的国家之一。

有人猜测，在通用再保险完成与 AIG 的交易前夕，时任公司 CEO 的福格森曾向集团主席巴菲特作出过关于 AIG 缺乏储备金的汇报。但伯克希尔·哈撒韦公司则表示，巴菲特事先并没有得到如何安排与 AIG 这笔交易的简报，也没有获知任何不正当用途或目的。虽然巴菲特有惊无险，从风波中脱身，但是通用再保险当年的交易伙伴、AIG 的首席执行官格林伯格却引咎辞职了。

陈思进在《金融让谁富有》一书中，对巴菲特的道德提出质疑。合法的聚拢财产无可厚非，特别在华尔街证券业，只要符合法律赚钱，赚得越多，大家越佩服你，说明你对市场的判断能力和操纵资本能力强。但问题是，现在越来越多的证据显示：巴菲特涉嫌多起内幕交易。

美国金融危机中，评级机构在危机中扮演了怎么样的角色？

是否有推波助澜、从中渔利的行为？巴菲特是评级机构穆迪的最大股东，与评级机构穆迪公司首席执行官雷蒙德·麦克丹尼尔一同现身由美国金融危机调查委员会（FCIC）在纽约举行的听证会，就信用评级机构在此次金融危机中的角色接受质询。这对于巴粉们来说，是一件颇为尴尬的事情。

巴菲特此前三次拒绝 FCIC 邀请，但一纸传票，他不得不站在了听证席上。令许多期待“股神”语惊四座的人失望的是，听证会上巴菲特颇有些打太极拳的味道。

巴菲特的看法是，穆迪和标准普尔公司与次贷危机有关，但并不意味着应该对此负责。评级公司用来评估许多抵押证券模型“存在巨大瑕疵”，但房产市场中几乎所有人都相信这个“有缺陷模型”。

在被问及评级机构是否需要改变现有商业模式，即是否应该让投资者而不是证券发行者向评级机构支付费用，以避免出现评级机构因利益驱动而袒护证券发行商时，巴菲特说，穆迪商业模式没有问题，而且消费者不会为此支付费用。“我不知道谁会支付费用，反正我不会。”

有听证会委员质询巴菲特，作为穆迪最大股东，他本人是否应当对穆迪失误承担一定责任。巴菲特表示，自己在多家公司都有投资，对每家公司运作并不十分清楚。“我从未去过穆迪公司，甚至不知道它的地址，我只知道它的商业模式很好。”

这种回答自然不会被理解为他无知，更像是一种搪塞。听证会委员继续追问作为最大股东，巴菲特怎么可能对穆迪运营一无所知？就连比亚迪这样在伯克希尔·哈撒韦公司的投资版图中排不上号的小角色，巴菲特都不远万里亲临考察，更何况是穆迪这样有着巨大影响力的大公司？伯克希尔·哈撒韦自 2000 年购入穆迪股份之后一直持有，直到 2009 年 7 月末，才因其面临运营风险和严格监管开始减持。但至今还持有穆迪13%股份。

有报道说，巴菲特30年多年来一直与高盛互为犄角，配合默契。没有高盛，不可能有现在的伯克希尔，没有伯克希尔，高盛也未必能挺过金融危机。2008年金融危机肆虐之时，巴菲特果断出手，斥资50亿美元注资高盛，既为当时风雨飘摇的美国资本市场打了一剂强心针，也给他执掌的伯克希尔·哈撒韦公司带来了丰厚利润，可谓既赚了钱也赚了声誉。这笔投资每年产生5亿美元红利，用巴菲特的话说，秒针“滴答”响一声，高盛就要付给伯克希尔15美元。

高盛遭遇“欺诈门”，华盛顿自然恼火，民间抗议浪潮也是一波接着一波。巴菲特旗帜鲜明地支持高盛，坚定地站在高盛一边。2010年伯克希尔·哈撒韦股东大会上，巴菲特毫不顾忌股东的质疑与反感，表示百分之百地支持高盛集团。其实，这些也不难理解，伯克希尔·哈撒韦也好，高盛、穆迪也罢，都是华尔街这个庞大金融机器的组成部分，大家的利益捆绑在一起，像一条线上的蚂蚱，一荣俱荣，一损俱损。也正是基于共同利益，“股神”对奥巴马大力推行金融监管计划没有多大热情，反而是处处提防，以免自己的公司遭受损失。在奥巴马提出向大银行征收“金融危机责任费”建议后，持有高盛、富国股份的巴菲特公开表示反对，说自己实在不觉得他们（美国大银行）应该支付任何额外税款。巴菲特传记《滚雪球：巴菲特和他的财富人生》的作者艾丽斯·施罗德说，外界需要清楚的最重要一点，就是高盛的一些事儿，巴菲特脱不了干系，甚至巴菲特就是当事人，“只要他是一个投资者，他就必须维护这些投资”。

在2008年国际金融危机爆发前，三大评级机构毫无例外地给予了美国国际公司（AIG）及其衍生次贷产品“AAA”最高评级。难道这只是反应迟钝、鉴别力差的问题？有没有更严重的职业操

守问题?

巴菲特对于评级机构的评判姿态看上去挺超脱。在他看来，该挨骂的是无能的政府监管机构，无论高盛还是穆迪，要么无可指责，要么仅仅是犯了错，绝对与所谓的“华尔街原罪”无关，并且这些机构固有盈利模式也不是诱发利益冲突的“温床”。巴菲特相信，包括标普和穆迪在内的评级机构“有着相当出色的业务”和“极强定价权”，信用评级机构只不过与他本人犯了同样错误，高估了房地产市场的健康程度。在谈到高盛“欺诈门”事件时，巴菲特认为高盛的做法无可指责，面对美国证券交易委员会的民事指控，高盛仅仅是输掉了一场“公关战役”。巴菲特在听证会上为美国的评级机构辩护。他承认评级机构犯了错，但它并不是唯一的犯错者，实际上每个人都犯了错。既然巴菲特说每个人都有错，那么他自己有错吗?

巴菲特力挺高盛、穆迪，自然有其冠冕堂皇的理由。但是，在商言商，千万别忘了巴菲特在商业利益上与这些评级机构十指连心，打断骨头还连着筋。事实上，巴菲特成为评级机构大股东本身就令人质疑。巴菲特曾经表示，他喜欢评级机构的经营模式，因为“几乎不存在竞争，也不需要什么资本，只需要靠给债券评级赚取酬劳”。但众所周知，巴菲特一向宣扬自己在投资时从不依赖评级机构评级，也不以此做投资决议，他只根据企业的状况自己做判断。然而，他却将重金砸向了自己并不信任的公司！如何解释这种悖论?这就相当于一家饭店后堂堆满了廉价的地沟油，老板却辩解说，自己从来就不吃地沟油，太脏太不卫生。似乎老板咒骂得越厉害，就越能洗刷自己制造和贩卖地沟油的嫌疑一样。

当然，股神也还是爱惜羽毛的，因为光洁的道德外衣本身就是无价之宝。至于股神减持了穆迪的股份，是因为评级机构已经开始臭了，怀疑它的人多了。股神一方面觉得在现阶段，评级机构的作用降低了，便倒腾点资金出来，干点别的赚钱的事。另一方面，既然评级机构的形象已经不太好，股神就有必要与之保持点距离。在 2010 年伯克希尔公司股东大会上，巴菲特别有深意地播放了自己 1991 年拯救华尔街投行所罗门公司时的警告：“如果让公司亏钱了，我还能理解。但是如果让公司名誉受损，那我将毫不留情。”这话不会是有意说给高盛和穆迪听吧？一方面力挺高盛，一方面又摆出一贯高洁的姿态，其中错综复杂的各种利益上的权衡与拿捏，坚持与舍弃，结盟与背叛，大有值得玩味的深意。

公允地说，巴菲特的所作所为，都是法律不禁止的行为，与其说是阴谋，不如说是“阳谋”。巴菲特从不听小道消息，他的俏皮话是，听 CEO 的亏一半，听董事长的亏光蛋。他掌握大量的社会资源，尤其是评级机构，近水楼台先得月，春江水暖鸭先知，巴菲特本身就像一个盘踞在市场信息中枢的大蜘蛛，根本就不需要打听小道消息，甚至他自己就编导“新闻联播”，堂而皇之地通过权威机构发布，成为不容置疑的标准信息，而他则光明正大地利用这一公开信息来稳稳当当地赚大钱，这就是所谓法律许可范围内的“完美犯罪”！

## 灰格调的事业上升期

所谓“人无千日好，花无百日红”，股神当红几十年长盛不衰本身就是一个神话。盛极必衰，股神总有走下神坛的日子。股

神最初的破绽出现在哪里，谁也说不清楚。但可以肯定的是，金融危机以及巴菲特在金融危机中的表现为人们提供了反思股神的契机。在此之前，股神的标准像是何等金光灿烂，没有一点瑕疵，在此之后，股神无论做什么，总有人下意识地想，一定有不为人知的目的！

2011 年 8 月末，市道脆弱动荡，巴菲特一扬花白眉毛，宣布通过伯克希尔向身陷困境的美国银行（BAC）投资 50 亿美元，震惊了华尔街。是火中取栗的投机冒险？抑或是内有乾坤的巧取豪夺？镜头再摇回到 2008 年 2 月，巴菲特提出为 8000 亿美元市政债券提供再保险，立马引爆了一颗“雪中送炭还是趁火打劫”的口水弹。

吵闹的围观者看似针尖对麦芒的两个阵营，实际上呢，都是站在道德的立场上评判巴菲特的市场交易行为，其潜在的逻辑前提也都是一样的——巴菲特是万众敬仰的股神，他应该是道德君子，“铁肩担道义，巨资救市场”是他的分内职责；他是圣诞老人，当泡沫消失，价值现象的时候，他给草根投资者带来信心和财富。但实际上呢，他只是一位商人！2008 年，巴菲特提出为 8000 亿美元市政债券提供再保险后，他曾坦率地说：“我们这么做是为了赚钱……你要是拿出 50 亿美元，就应该赚些利润。”资本逐利如飞蛾趋光，如果换了一个资本大鳄，也不过是资本戏台上的寻常情节，为什么只因主角是巴菲特——一个偶像级人物突然说出商人无利不起早的大实话，就让巴菲特的崇拜者们多少有些失望和尴尬？因为巴菲特的崇拜者们为股神设置了想象中的道德标准，而忘记了股神的商人本质。再问一句，为什么巴菲特的崇拜者会在潜意识里将巴菲特的商人本质置换为一个道德楷模？那是因为巴菲特以华尔街的良心自诩，长期以来一直试图将自己包装为资本世界的圣诞老人。

“四海翻腾云水怒，五洲震荡风雷急”，这是 2011 年的世界。这边厢“阿拉伯之春”摧枯拉朽，那边厢“占领华尔街”方兴未艾。巴菲特一个箭步踏上了舆论的肥皂箱，呼吁提高富人税率，呼吁“向我开炮”。大家是否感到有些怪异？华尔街的盈利就是民众的损失。华尔街本身并不直接创造财富，它更多的是扮演一场宏大的零和游戏中的聪明的胜利者。它的砝码是聪明才智，它的奖赏是金钱（如果盈利的话），就这么简单。

然而搞笑的是，作为华尔街的大鳄，巴菲特也高举打倒“坏蛋”的牌子——反戈一击，“坏蛋”成了好人，好人却失去了抗议的目标。巴菲特从来就不吝啬自己对国家义务的剖白，一以贯之的自我塑造是如此完美，以致让人们忘却了他作为资本家的商业属性。无论华尔街如何风云变幻，巴菲特作为华尔街领主，依旧风光无限，依旧大赚其钱。巴菲特实在是太高明了！

在 1996 年给股东的信中，巴菲特引用了肯尼迪总统的名言：不要问国家能为你做些什么，问问你能为国家做些什么！巴菲特自豪地说，我们总共要缴 8.6 亿美元的所得税给美国国库。这个数字到底有多大呢？如果全美能够有 2000 名跟伯克希尔一样的纳税义务人的话，则美国国库不需要再征收其他任何的所得税、社会安全捐助或任何你想得到名目的税捐，1996 年的预算收支就能够持平。所以，伯克希尔的股东可以大声地说自己功在国库。

伯克希尔·哈撒韦公司的股东们，无论思想觉悟高低，恐怕都不会同意巴菲特慷公司之慨为山姆大叔多交一分钱。巴菲特的聪明在于，与其默默履行一个企业公民的义务，不如大张旗鼓地把自己包装成一个爱国主义者，美国价值观的歌颂者。瞧瞧，巴菲特不但为自己，也为那些唯利是图的股东们在公众眼中赢得了道德加分。

就让我们来看看巴菲特最抢眼的道德表白“向我开炮”到底

是作秀还是真的做出了利益牺牲。2011 年 8 月 14 日，巴菲特在《纽约时报》撰文称，美国“不应再溺爱超级富翁”，呼吁“立即提高 100 万美元以上应税收入适用的税率，这些收入当然包括股息和资本利得”。

总统奥巴马正苦于捉襟见肘、寅吃卯粮的政府财政，见到巴菲特的表态，自然是喜不自胜，第二天上午，还在明尼苏达州坎农瀑布镇出席会议的奥巴马就出现在电视上，对巴菲特的挺身而出大加赞赏，又号召全国富人向巴菲特学习。几周之后，在奥巴马提交给国会的预算案中就包含了一项“巴菲特规则”（Buffett Rule），意在使百万富翁的纳税额占收入之比高于美国中产阶级。

有意味的是，“巴菲特规则”对巴菲特自身的税负几乎没有影响，他所说的“应税收入”只相当于他在伯克希尔·哈撒韦内所持收入的不到 1%。2010 年，以 22% 的持股比例，巴菲特可从伯克希尔税前利润中分得 42 亿美元，再依 29% 的税率，这部分收入的纳税额超过 12 亿美元。如果这部分收入从该公司提出，就需按个人税率再次纳税。但由于巴菲特承诺捐出自己的财富，他就得以规避他提议增加的税负。在伯克希尔 2010 年年会上，巴菲特敦促其他股东“效仿我的避税做法”。

巴菲特曾反对小布什给股息减税的政策，而伯克希尔并不向股东派发股息。巴菲特在嘴上积极纳税，鼓励别人多缴税，自己能免则免，能躲则躲。要巴菲特从口袋里真的掏出真金白银来给山姆大叔，他可不情愿。就在他发表“向我开炮”雄文几周前，他还为购置商务飞机可减免应税收益进行了辩护。他对 CNBC 表示，自己“真没看出商务飞机与商务火车有什么区别”。

其实，无论巴菲特如何装扮自己，总摆脱不了商人逻辑。中国很多暴发户的经典路径就是，“慷银行之慨”，用银行贷款成为社会爱心事业的捐款达人，赢得政府和社会的好感，进而以更大的社会信用进行商业化，再撬动更多的银行贷款和社会融资，让道德光环为自己企业的信用和赢利空间围上一层“护城河”。

媒体和巴菲特相关书籍也乐于歌颂巴菲特节俭的美德，总是拿他与嗜血成性的华尔街银行家的奢侈生活加以对比。巴菲特富可敌国，却依然住在当年所购买的小房子里，只花费了 31500 美元，如今的市值也不过区区 70 万美元。他像普通人那样到杂货铺去购买食物，“邻家大叔”的形象深得中国股民的称许，殊不知，在美国原本就没有什么特殊的人，退休总统也要自己打酱油。

巴菲特在加利福尼亚拉古纳海滩（Laguna Beach）买了一幢价值 400 万美元的别墅，媒体没注意，1989 年巴菲特花费公司 1000 万美元购得一架私人飞机时，媒体不得不注意了，但都说他“羞愧难当”，自称“不可饶恕”，焦点集中在巴菲特的内疚上。人非圣贤，孰能无过，巴菲特的一点小瑕疵似乎更衬托出华尔街的这一枚道德美玉的光彩夺目。

一个好人出现了，总能发掘出“好人日记”；一个好人一旦被宣布为坏人，其隐秘的堕落史便大白于天下。中国人习惯了这种因果论的线型僵化思维，习惯于巴菲特这么一位华尔街的道德君子有着一部干净光洁、无可挑剔的成长史。从巴菲特的价值投资理念、经典投资案例，到他淳朴善良的操行品格，我们也确实得到了类似“好人日记”一样的种种巴菲特传记、语录、诠释解读。然后，一旦神像的金身出现了一丝破绽，那么，里面的破棉败絮就再难藏住了。

艾丽斯·施罗德的传记《滚雪球：巴菲特和他的财富人生》描述了一个性格复杂的幸运儿。十来岁的巴菲特从华盛顿特区的西尔斯百货（Sears）商店多次偷窃高尔夫球和高尔夫球杆一类的东西，却都没有被抓住。运气的祥云似乎一直笼罩在巴菲特的头上。艾丽斯·施罗德还披露，20 世纪 70 年代中期，因收购魏

斯可金融公司（Wesco Financial）一事，巴菲特的公司遭美国证券交易委员会起诉，巴菲特没有承认也没有否认自己做过任何不道德的行为，公司以11.5万美元的罚款了事。巴菲特个人既没有被指名，也没有被罚款，对一个初出茅庐的人的声誉来说，指名和罚款将会造成“无法挽回的、可怕的破坏性影响”。协议达成几个星期之后，证交会让巴菲特进入一个研究公司信息披露程序的小组。

歪打正着的好运似乎在冥冥之中成全了巴菲特的事业腾飞。20世纪80年代，巴菲特曾公开反对公司掠夺者的“绿票欺诈”（Greenmail），这是现在我们称为恶意收购的一种形式。主要是指单个或者一组投资者，以迫使目标公司溢价回购公司股票为目的，大量购买目标公司股票的行为。为了免于被收购，目标公司会以较高的溢价回购股票，这就有些像是被迫支付赎金了。巴菲特早期为自己的合伙公司所进行的某些投资，至少在业务运作的姿态上颇有“绿票欺诈”的嫌疑。在1965年，如果当时的纺织品公司伯克希尔·哈撒韦的管理层信守承诺，而不是比每股11.5美元的约定价格又少了12.5美分的11.375美元提出收购的话，巴菲特将会把自己持有的公司股票卖给管理层，而不是恼羞成怒，最终将公司彻底收入囊中。如果那样，巴菲特的故事将彻底改写，也许，巴菲特只是华尔街的一个毫不起眼的小角色。

巴菲特和可口可乐公司的长期婚姻可谓是价值投资的典范之作，巴菲特角色并非无可挑剔。到1989年，巴菲特已经拥有了可口可乐公司6%的股份，价值为12亿美元，是伯克希尔·哈撒韦公司的最大头寸。巴菲特加入了可口可乐的董事会。20世纪90年代中期，在可口可乐公司的股价上涨了数倍以后，公司的首席执行官郭思达（Roberto Goizueta）为了进一步提升股票价格，向华尔街的分析师做出了中等到高速增长的承诺，他的诀窍不是通过加强经营管理水平提升市场占有率和利润率，而是为了按时完成利润目标、促进盈利水平而买卖灌装厂，这是一种类似账面技巧的“金融工程”（Financial Engineering）的方法，但维持的只是公司盈利快速增长的幻象。

虽然算不上违法和欺骗，巴菲特很清楚这种旁门左道的实质和危害，但在公司董事会中，巴菲特装聋作哑，保持沉默。巴菲特说，郭思达“完全不是你应该质疑的人”。他还补充道：“作为董事会的一位成员，你实际上什么也不能做。”这算是为自己做的无力的辩解吧。

面对以往旧账的道德质疑，巴菲特自有一套挡箭牌策略：能蒙混就蒙混，不能蒙混就遮掩，不能遮掩就回避，不能回避就装傻。巴菲特还有一个特点，就是总能找到一个道德肥皂箱，跳上去，指责别人有问题，却忘记了其实自己和别人一样，或者曾经一样。

2007 年，他与多家对冲基金组成的一个基金设立了一个赌局。他预测，对冲基金的高额费用，会使它们的长期表现比标准普尔 500 指数的表现更糟。巴菲特宣布，他将自掏 32 万美元设一“赌局”，押注标准普尔 500 指数将战胜一个包括数只对冲基金的投资组合。巴菲特通过“赌局”来吸引眼球，高调批评投资经理人，尤其是对冲基金和私募股权基金向客户收取高额费用。然而，巴菲特自己最初积累的资金，就源于他从一个类似于对冲基金的合伙人公司中收取的费用，在超过 4% 的投资收益中，他将其中的一半收入囊中。

无论巴菲特唱什么样的高调，美国的工会组织始终对他耿耿于怀。当年伯克希尔·哈撒韦关闭纺织工厂，无情地解散工人，很多丢了饭碗的工人既不会说英语，也没有其他技能，而且长年在纺织机轰鸣的高噪音环境下工作，听力受损。他们希望被打发之前见见巴菲特，却被资本世界的圣诞老人一口回绝。

“慈不掌兵，情不立事，义不理财，善不为官。”虽然巴菲特已经将 85% 的公司股份捐赠给比尔·盖茨慈善基金，这并不意味着他就能够超越商业精神和市场规则。按照社会心理学家马斯洛关于人类需求的层次理论，一个社会人，有生理、安全、社会、尊重和自我实现五类需求。巴菲特的举动，不过是在满足了前面需求之后的正常追求。我们可以这么理解，慈善也是一种消费——“慈善消费”，而且，这种消费能力获得的手段和过程可疑，其慈善的价值和意义也就大打折扣。现代伦理公认，只有正义的过程才能导致正义的结果。无论你的目的多么高尚，都无法自动地将过程正义化和道德化。

巴菲特在创业时期常能逢凶化吉、遇难成祥，自然是他运气好。但仅仅是他运气好吗？巴菲特故事的许多自相矛盾之处，总隐约显示着巴菲特的那位在内布拉斯加国会当议员的父亲的身影和他所拥有的政经资源。凭借父辈提供的社会资源的杠杆效应，巴菲特不仅全面继承了父辈的政商资源遗产，而且发扬光大，开始在白宫和华尔街之间自由行走，在那个帝王级别的金权圈子里长袖善舞，多钱善贾，并且迈上了神坛。

## 帝王级的金权圈子

金融危机爆发，无论是散户还是投资机构，都惶惶不可终日。无论是本能还是经验告诉我们，这个时候进入市场，无异于用嘴巴去接空中掉下的刀子。就在别人恐惧的时候，巴菲特贪婪了。伯克希尔·哈撒韦公司将 260 多亿美元投在了八家金融企业上，其中也包括属于巴菲特个人的70亿美元投资。事后证明，巴菲特又“神”了。巴菲特可以用市盈率、市净率、现金流、管理层、“护城河”等价值话语来包装“恐惧与贪婪”的价值故事，再一次收获崇拜者的敬意。而实际上情况是，巴菲特知道自己的投资有政府兜底，所以，他只有贪婪而没有恐惧。他跳的是一曲资本与权力高度默契的华尔兹，却通过资本市场让一切看上去合法合规，天衣无缝。

这八家公司一共从问题资产救援计划那里获得了1000多亿美元注资。这些公司发行的债券有75%受到联邦政府担保。美联储还为拯救各大银行提供了诸多紧急性、不透明的贷款措施。如果没有这些救援措施，美国的金融体制即使不推倒重来，至少也会大规模资产重组。资不抵债的银行将被迫以市场价格出售有毒资产，作为股东，巴菲特的个人投资也会打了水漂。

2009年8月，路透社专栏撰稿人沃尔夫·维克勒在《道德破产的巴菲特》一文中痛心疾首地说：“我14岁就和巴菲特有信件往来，小小年纪就成了巴菲特的粉丝，可是到头来，我发现巴菲特的成功神话原来大都是虚构的，他的财富主要来源于纳税者。”

巴菲特还通过大规模转让高盛和通用电气等被救援公司的优先股和认股权证而大发横财，因为他“深信国会将做出正确抉择”——拯救那些“大到不能倒”的金融企业。如此高瞻远瞩的眼光与他标榜的价值投资理念还有一毛钱的关系吗？

得了便宜还卖乖是巴菲特道德包装的一贯做法。明明自己就是内幕交易嫌疑人，他却像公诉人一样理直气壮，像受害人一样高喊委屈。巴菲特抱怨接受联邦存款保险公司或美联储等政府机构救助的公司，其借贷成本非常低廉，吃得脑满肠肥；相反，评级高的公司往往粒米未进，例如伯克希尔的借款成本就史无前例的高。

沃尔夫·维克勒说，自己就这些疑问请教巴菲特，但这位世界上最知名的“正派投资人”并没有回复电子信件。沃尔夫·维克勒不无伤心地说，巴菲特本可以利用自己独特的身份大力倡导更好的公共政策，可他最终还是决定用其强大的政治资本保护自己的投资。

与其说沃尔夫·维克勒戳破了一个神话，不如说还原了一个商人的逐利本质和逐利途径。一旦将股神的道德面具撕掉，股神的许多看似令人不解的问题就不成为问题了。例如，银行应该大力扩充资本，拓宽“安全边际”，但是，当财长盖特纳引入压力测试，让银行扩充资本时，却遭到了整日将“安全边际”挂在嘴上的巴菲特的反对。答案很简单——银行筹集的资金越多，他持有的银行股份和话语权就会被稀释得越多。应该说，沃尔夫·维克勒对股神的认识具有颠覆性，但是，他的论据只鳞片爪，挂一漏万。

2011 年 8 月 30 日，“股神”巴菲特迎来了 81 岁大寿，华尔街各大主流媒体都献上“生日快乐”的祝福。就在“股神”81 岁生日前，美国银行一则的交易公告成了巴菲特的生日大礼。美国银行宣布，为了解决资金链紧张，美国银行同意巴菲特旗下的公司向美国银行注资 50 亿美元。

注意，这可不是我们 A 股小散买的普通股，而是巴菲特信徒们享受不到的“特权股”。巴菲特的 50 亿美元购买 5 万份美国银行累积优先股，每年股息收益为 6%，并可在任意时间以 5% 的溢价赎回。此外，伯克希尔还将获得 7 亿份美国银行认股权证，可以每股 7.14 美元的价格购入后者股票。巴菲特在声明中说，他也就是给美国银行总裁打了个电话。如此轻松的口吻表示出他对于这项投资的强劲信心。

“我们有很多选择，但只接受了其中少数人的吻，然后把资金抛向他们。要知道，如果你没钱，人家就不会吻你，你依旧是癞蛤蟆。”幽默的巴菲特说的是反话。回顾 2008 年金融危机，很多美国公司的 CEO 给巴菲特打电话，他们都是癞蛤蟆，他们都想得到巴菲特公主的吻。如果得到一个吻，他们就会变成英俊的王子。当时巴菲特注资高盛 50 亿美元，几乎以同样的方法“拯救”了通用电气，赚得盆满钵满。

巴菲特的信徒们赞叹巴菲特的旺盛生命力和神乎其技的投资本领。廉颇老矣，却依旧喝酒吃肉，提刀跃马。但除了巴菲特所购股票的“收益特权”，信徒们还忽略了重要一点，那就是巴菲特赚大钱的客观条件——拿起电话能直接和美行、高盛、GE 这样的大机构主管通话，这样一览众山小的位置是小散户仰酸了脖子也看不见的高度。这实际上是一种合法的内幕交易——和大型金融机构交易，和政府交易，和政治交易，所谓“窃钩者诛，窃国者侯”就是这个道理。

再说一个“电话投资”的例子，关于巴菲特对美国联合能源公司的收购。当美国联合能源公司的股票从每股 50 美元跌至每股 14 美元的时候，一旦市值估价等级被下调，就不得不提供更多的抵押担保去融资，等待他们的命运极有可能是破产。惶恐中的美国能源控股公司就给巴菲特打电话，叙述发生的这一切，像急切的癞蛤蟆等待巴菲特公主的亲吻。

巴菲特说：“那就打电话给他吧。”美国联合能源公司主席助理接了电话。她说：“老板（大卫·索科尔）正在开一个重要的会议，我不能打扰他。”老板有个规矩，哪怕递交只有两个字的纸条，只要她打断会议，那么她就有可能被解雇。但助理知道巴菲特公主的电话对癞蛤蟆老板意味着什么。

“我们可以出价，注入资金，他们知道我们能做到这一点。其他的公司也是一样，当他们正在商海中下沉的时候，我们轻

而易举地拉了他们一把。起初他们是拒绝的，用他们的说法就是犹豫，之后当晚我们就签约了。”巴菲特绘声绘色地描述着整个过程。

在 2000 年写给股东的信中，巴菲特说：“在伯克希尔，我们的购并策略极其简单，那就是静待电话铃响。可喜的是，现在电话好像有点应接不暇，原因在于有越来越多的公司及其经理人慕名而来，想要加入伯克希尔的行列。”

2009 年 9 月，在雷曼兄弟破产一周年之际，《华尔街日报》又翻出了一个关于巴菲特电话的传奇老故事，这也可以作为巴菲特“电话营销”的反面例证。金融世界陷入崩溃的那个疯狂周末，巴菲特接到了大量的求助电话。美国国际集团（AIG）急切地想筹集 180 亿美元资金，恳求巴菲特伸出援助之手。巴菲特对他们说，别在我身上浪费时间，我不能为你们做任何事。

周六傍晚 6 时左右，当巴菲特准备出门参加加拿大埃德蒙顿的一个社交活动时，他接到了巴克莱资本（Barclays Capital）主管戴蒙德（Bob Diamond）的电话。戴蒙德正打算收购雷曼兄弟（Lehman Brothers），将雷曼从破产边缘拉回来，但他在英国政府那里遇到了困难。因此，戴蒙德想出了另外一个计划，希望巴菲特能提供担保，以便推动交易顺利进行。

巴菲特认为，这个交易计划听起来过于复杂，很难通过一个简短电话搞清楚。因此，巴菲特让戴蒙德把具体交易计划通过传真发给他。但当巴菲特午夜时分回到酒店房间的时候，他惊讶地发现什么也没收到。接下来，雷曼兄弟崩溃了，全球金融体系数天之内陷入了一场全面危机。

时间过去了 10 个月。有一天，巴菲特问女儿苏珊（Susan）自己手机屏幕上的一个小图标代表了什么。巴菲特说他自己从未真正了解自己手机的基本功能。苏珊告诉他，那正是那天晚上巴菲特一直等待的来自戴蒙德的语音邮件。（这引发了另一个问题：戴蒙德为什么不照巴菲特所说的那样使用传真呢？）

或许这个故事的教训是，你永远不想发现自己身处这样的境地——事关存亡的交易完全取决于一位老人会不会使用手机。另一方面，抛开所有的技术问题，你可能也会说，巴菲特在金融危机期间这么使用手机真是“绝顶高明”。

巴菲特对美国运通的投资则属于“高尔夫投资策略”——巴菲特称之为“走狗运”。在给股东的信中，巴菲特生动描述了“走狗运”的过程。“就在要做决定的那个月，我正好到缅因州和 Hertz 租车公司总裁弗兰克·奥尔森（Frank Olson）一起打高尔夫球，弗兰克是一位相当优秀的经理人，因为业务的关系相当熟悉信用卡的行业，所以打从第一洞开始我就一直追问他有关这行业的种种问题。到了第二洞的果岭时，弗兰克已经让我完全相信美国运通的企业卡是一项绝佳的生意，所以当下我就决定不卖了。等到后九洞时，我更决定加码投资。于是，在回来的几个月后，伯克希尔已经拥有该公司 10% 的股权。”

围观者以为风吹浪打，惊心动魄，对巴菲特来说，不过是闲庭信步，挥杆击球而已。巴菲特接着说：“现在我们光是在美国运通的投资潜在利益就有 30 亿美元，当然这一切都要感谢弗兰克，不过我们俩人共同的好友乔治·吉尔斯派（George Gillspie）却直说我搞错应该要感恩的对象了，他强调要不是因为他安排这次的球会，并且把我跟弗兰克摆在同一组的话，也不会有今天这样的成果。”

亲爱的股民朋友，当你投资一只股票的时候，你能“走狗运”认识公司的“弗兰克”，或者你们有共同的好友“乔治·吉尔斯派”？你知道他是男是女，是人是鬼吗？

混江湖，就是混圈子。拉板车的打扑克牌，输的在鼻子上贴纸条，这是一个圈子；上班族下班了玩麻将，一锅五元钱，这是一个圈子；荣智健和李嘉诚打高尔夫，输的放弃某项几十亿美元的项目，也是一个圈子。圈子越高，赚钱越容易。巴菲特实际上就是在依靠他的圈子来赚钱。人找钱，钱找钱，钱找人——巴菲特本质上玩的是圈子的最高境界，却不忘用所谓的价值投资理念来忽悠他的信徒们——如果说价值投资策略人人都能掌握，那为什么成功者只有巴菲特呢？

其实，谁都知道，巴菲特进行的“电话营销”、“高尔夫营销”，都是一种特权营销，一种“圈子营销”，和我们国内的“饭局营销”、“桑拿营销”没有什么区别，而与所谓的价值投资可能仅有一美分的关联。巴菲特的圈子有多大，有多高？美国银行总裁不过是巴菲特“谈笑有总统，往来尽富豪”的帝王级金权圈子里的小角色。

巴菲特的父亲是共和党党员，而且是众议院议员，巴菲特自己却加入了民主党，他的妻子苏珊·巴菲特也是民主党党员，两人的选择与忠于共和党的巴菲特家族的态度完全不同。巴菲特说自己选择加入民主党的理由是20世纪60年代民主党关于人权的政策与自己的态度一致。然而，2003年美国加利福尼亚州州长竞选期间，巴菲特又变成了共和党候选人的竞选顾问。

我们知道，美国的驴象两党不过是大哥二哥，都是我们眼中的“资产阶级政党”，巴菲特的“叛党投敌”不是什么大不了的事情。但是，对于一个坚守信仰稳固的价值的公众人物来说，如果没有什么特殊理由，大可不必多此一举。

对于巴菲特的活动，竞选期间美国报纸和电视台都做了推测，巴菲特的真正目的是为投资加利福尼亚灾害保险事业提前进行政治活动。这种推论并非没有根据，而是完全可能。

《像巴菲特一样修炼，像索罗斯一样行动》就此进行分析：“美国CBS电视台2008年曾报道说，股神巴菲特将进入加利福尼亚州劳工伤害保险市场。伯克希尔·哈撒韦公司的保险子公司——国家赔偿公司后来进入加利福尼亚州保险市场，为加利福尼亚州地区的劳工提供保险，还为旧金山地区提供ARRIS服务。消息人士还透露，国家赔偿公司将发行规模为10亿美元的债券。如果一切顺利，伯克希尔·哈撒韦将成为市场规模210亿美元的保险市场上规模最大的民间金融机构。

“2008年第二季度，伯克希尔·哈撒韦的保险事业共创造了4.22亿美元的净利润。据业界人士分析，巴菲特选择进入加利福尼亚州劳工保险市场，是因为加利福尼亚州州长阿诺德·施瓦辛格修改的法律有利于提高保险业的收益率。2003年加利福尼亚州州长选举期间，巴菲特担任了施瓦辛格的经济顾问，为支持其当选一度非常活跃。”

在我们看来，施瓦辛格招商，巴菲特投资，是完全正当的市场行为，但看透了巴菲特的“党员”身份和他与施瓦辛格的“党内”关系，就不难察觉巴菲特的良苦用心与老谋深算。

## 白宫宠爱的“隐形财长”

对于巴菲特公开质疑的不仅有路透社专栏撰稿人沃尔夫·维克勒（Rolfe Winkler）这样的媒体人，也有包括美国对外关系委员会国际经济主任本·斯太尔（Benn Steil）这样的领导干部。本·斯太尔在英国《金融时报》上撰稿，摆事实，讲道理，强调巴菲特点石成金的背后是政治资本与金融资本的联姻，是市场公平原

则的损蚀，白宫应该与这位“隐形财长”保持距离。

2011 年 8 月 25 日，华尔街的圣诞老人巴菲特“雪中送炭”，宣布伯克希尔将向美国银行投资 50 亿美元，同时获得可购买 7 亿股美国银行普通股的认股权证。好人总有好报，这宗交易的消息推动美国银行股价大幅上涨，一度飙升 25%。有银行认股权证定价方面的专家估计，这宗交易对伯克希尔而言可获益 31.7 亿美元——这还不包括股价飙升的收益。股神再一次显灵，价值投资的光芒似乎再次照亮了浑浊晦暗的投资市场。

本·斯太尔显然是极少数能从中看到门道的人。他认为，巴菲特在利用政治资本来支撑伯克希尔在银行领域的投资。这样的投资在“政治上”肯定没有问题，那么，在商业上自然也就错不了。为什么？道理是明摆着的，要风有风，要雨有雨，要政策有政策，要资源有资源，万一有了闪失，也有国家和纳税人兜底。

“巴菲特税”应当是巴菲特与白宫政治互动最引人注目的标签了。一旦征收富人税会给面临大选的奥巴马带来的好处不言而喻。可能得罪不到 45 万人、占全美国纳税人总数的比例仅为 0.3% 的富人群，而取得中下阶层的选票，是再合算不过了。

巴菲特在接受《时代周刊》记者采访时称，美国需要改变，需要一个新的税收制度，这种制度应该“偏爱”那些天生不是投资商人的大众。他们也许不能很好地适应市场制度和资本主义制度，但这些人是遵纪守法的好公民，他们为社会做着贡献。听听，完全是总统候选人的高度和口吻。

前面我们说了，巴菲特提出“向我开炮”，实际上伤不着自己几根毫毛，而这样的姿态，非常有利于提升自己的公共形象和社会影响力。大家都知道关云长人在曹营心在汉。巴菲特呢，人在华尔街心在华盛顿。腼腆的巴菲特不仅要做华尔街的领主，还要过足政治家的瘾。“金”与“权”，像相互纠缠又相互追逐的螺旋桨，将巴菲特所处的帝王级金权圈子带到云端，远离普通人的视线和巴菲特信徒们的理解范围。

“当一个政治家被国家事务和公众质疑搞得焦头烂额，他会首先向哪一类支持者寻求帮助？相反，如果一个商人的财富多到对他来说仅仅只是一个数字，他会在哪里寻找自己的下一个目标？”——南方人物周刊记者李超在《巴菲特：我最担心恐怖分子用核武器搞破坏》一文开篇就是这么一句话，点到了穴位。

金融危机像一场尼罗河泛滥，当美国经济像是泛滥之后的尼罗河谷再次萌发生机与活力的时候，一个侠肝义胆、本领超凡、力挽狂澜、正直睿智的蜘蛛侠形象越发清晰地出现在公众视野的地平线上。他集投资家、慈善家、总统顾问等众多头衔于一身，单纯的“股神”二字已经无法衡量他在华尔街和白宫不断膨胀的影响力了。2010 年 7 月，巴菲特做客白宫，与美国总统奥巴马青梅煮酒，话说天下大势，商讨美国经济政策。临走时，奥巴马从自己的衣橱中精心挑选出一条红色领带送给巴菲特，我们可以理解为私人友谊，也未尝不能看作白宫与华尔街两大力量的彼此问候和勾兑。

早在 2008 年美国总统大选之前，巴菲特就已经是奥巴马的坚实拥趸，他在经济方面的建议也影响着奥巴马的诸多政策。在美国社会里，经济与政治相互服务已经不是什么秘密，但如巴菲特这样，以商人身份公开成为总统座上宾，直接参与国家政策的商讨，仍然引发了民众的兴趣和猜想。

在奥巴马赠巴菲特领带前不久，巴菲特斥资 5000 万美元，投入到一个对他来说极不平常的领域——与国际原子能机构(IAEA)合作成立“核燃料银行”，这项计划旨在通过国际合作减缓核扩散。他在接受美国媒体采访时表示，自己最担心的问题不是全球经济的滑坡，而是恐怖分子可能会利用核武器瞬间摧毁一

座美国城市。他说:“这才是人类所面临的最大问题。”

“核燃料银行”究竟是巴菲特的一场政治秀，还是看准了这笔投资可以给他带来商业回报，抑或真如他所说，他从20岁时就已经在思考核武器对于人类的威胁。无论出于何种动机，他与奥巴马政府的关系正处在前所未有的“蜜月期”。

对于俩人的亲密关系，媒体不忘调侃一把。几乎是在同时，一家美国族谱网站发表了他们的一项最新“研究”结果:奥巴马和巴菲特是相隔三代的表亲关系，按照辈分，巴菲特是奥巴马的曾祖父辈，他们的共同祖先是17世纪一个名叫杜瓦尔的法国人，奥巴马是杜瓦尔的第九代曾孙，巴菲特则是第六代。很难想象，80岁的白人老头儿和50岁的黑人小伙儿会是一家人，这在人类学上有些牵强。但是，从社会游戏规则上说，世界上最富有的人和最有权力的人能够走到一起，确实顺理成章。奥巴马的施政受到美国地产业的拖累，而巴菲特热衷于地产投资;奥巴马政府一直在救助和扶持的美国银行业和汽车业，恰恰也是巴菲特投资较多的领域。共同利益让他们走到了一起。

2010年12月中旬，这个金权圈子有过一次聚会，参与的还有比尔·盖茨夫妇，大家边吃边聊，讨论美国的经济现状、教育问题和慈善事业。会后，巴菲特和奥巴马还单独探讨了核削减的问题。除了他们，奥巴马还与通用电气（GE）董事长兼首席执行官杰弗里·伊梅尔特（Jeffrey Immelt）和谷歌董事长兼首席执行官埃里克·施密特（Eric Schmidt）等约20家大公司的领导人举行了一次峰会，讨论出口、监管和财政赤字等与经济增长有关的问题。

奥巴马上任之初组建过一个“过渡性经济顾问团”，巴菲特当然入选，此外，包括时代华纳董事长迪克·帕森斯（Dick Parsons）、施乐公司首席执行官安妮·麦卡伊（Anne Mulcahy）

等众多美国知名企业家也进入了“顾问团”名单。

从事微观经济操作的企业家直接参与到国家宏观政治经济政策的制定当中，印证了经济基础与上层建筑之间的微妙关系。事实上，在奥巴马与共和党候选人约翰·麦凯恩竞选美国总统之时，双方都在极力拉拢巴菲特。在当时的纽约联邦储备银行行长蒂莫西·盖特纳之外，巴菲特也曾经是美国财政部长的人选之一。麦凯恩曾公开表示，如果当选，愿意选择巴菲特出任财长。

对于政府这样的邀约，巴菲特一口回绝，他表示自己希望原财长亨利·保尔森能够留任。保尔森同样拒绝留任后，巴菲特又公开推荐了联邦储蓄保险公司董事长希拉·贝尔。瞧瞧他们推杯换盏、彼此谦让的样子，其实，无论是谁上台，都是圈子里的人。

看清了巴菲特的圈子，就知道巴菲特纵横捭阖、胆气淋漓的原因了。陈思进在《金融让谁富有》一书中揭示了巴菲特投资与政策动态之间的种种巧合，并将一个无法回避的问号放在每一个读者面前：真的是巧合吗？

2008 年 9 月 23 日，也就是高盛宣布转成银行控股公司的第二天（高盛做出这一决定是因为它面临巨额亏损，导致资金周转不灵），巴菲特向高盛伸出“援手”，以 50 亿美元购得高盛的优先股，用另外 50 亿美元换取了高盛普通股的认股权证。



陈思进认为，巴菲特之所以敢大胆出手，其原因在于，他将对方的底牌看得一清二楚。

“第一，‘股神’通过层层关系，了解到政府将救助 AIG。只要 AIG 不出大问题，高盛就必然屹立不倒。果不其然，当 AIG 拿到 1800 亿美元的政府救助资金后，立刻赔偿高盛 129 亿美元（高盛下了 40 亿美元的‘赌注’卖空抵押贷款支持证券）。第二，高盛也将从政府的救助资金里得到 100 亿美元。巴菲特深知，只要高盛喘回一口气，市场这块蛋糕还在，而分割蛋糕的霸主却少了，

他就可以稳赚不赔。转眼到了 2009 年 7 月 24 日，这一天，高盛股票的收盘价为每股 164 美元。一年不到，‘股神’便在此项投资上赚到了 41 亿美元，111% 的回报。‘股神’自己毫不掩饰他对高盛的信心，称‘我和高盛的关系可以追溯到 1940 年……我关注这家公司很长时间了，我对高盛集团的状况和管理层的信心，超过华尔街任何公司，他们对市场时机的把握最为出色’。当然啦，他如果不了解高盛与政府上层之间的关系，怎么敢如此大胆地行动?

“2009 年 11 月 3 日是星期二，‘股神’巴菲特在这一天又有了大手笔，他以 340 亿美元投资于伯林顿北方圣太菲铁路公司（Burlington Northern Santa Fe）。巴菲特表示，铁路代表着美国的前景，他赌美国在未来将更加繁荣。从巴菲特大手笔的投资中，我们至少获得了这样几条信息：

“随着石油变得越来越稀缺，为了降低商品的运输成本，铁路运输将取代卡车，在未来 30 年的经济活动中扮演重要的角色；石油紧缺的事实，令美国人依靠低油价大量消费的日子一去不复返，民众为了省钱不得不抛弃开车的习惯，而选择坐火车外出旅行；在未来 10 年、20 年，甚至 30 年中，原来从中国进口的产品，至少有一部分将被美国自产自销的产品取代（除了在污染严重的产业），以减少燃料消耗带来的空气污染。

“这可真是‘巧’极了。奥巴马于 2010 年 1 月在电视屏幕上对美国人民发布国情咨文，他宣布政府将大力投资于铁路运输，在全美建设 13 条高速铁路，工程费用高达 80 亿美元，这将推动美国运输现代化进入一个新阶段。在政府的全力推动下，沉寂了多年的铁路股肯定又将火起来，大家等着瞧吧。

“巴菲特何以总能站在财富金字塔顶端，抢先一步购入所谓的价值股，我们由此便可看出一些端倪了。更霸道的做法还在后面，正因为他站在财富金字塔顶端，所以他可以用拆股的方法收购伯林顿北方圣太菲铁路公司，而卡夫集团想要用拆股的方法收购吉百利，却受到巴菲特的阻挠，难以实现。‘股神’的理由相当充分，拆股收购将稀释原有股份的价值——‘股神’是吉百利的大股东，他的利益谁能侵犯？只有上帝能够洞察人间的一切！巴菲特虽不是上帝，却能像上帝那样站在财富金字塔顶端，洞察脚底下大众的一举一动，他不当‘股神’都难。”

巴菲特为什么总能在重大投资决策中左右逢源，顺风顺水？陈思进给出的答案非常简单直观。“巴菲特当然深谙如何与政客周旋。多年来他积极参与政治捐款，公开支持奥巴马竞选总统，并出席了 2008 年 7 月 2 日的筹款晚宴，花费了 28500 美元。奥巴马在两次总统竞选电视辩论中，有一次强调巴菲特有可能是他未来的财政部长，另一次则提到巴菲特将是他的经济顾问。在美国，无论是巴菲特参与政治捐款，还是奥巴马提名巴菲特担任内阁官员，固然都是合理合法、无可挑剔的。不过，正如中国俗语所说，‘拿了人家的手短，吃了人家的嘴软’，人人都知道给政治人物捐款的人肯定会支持这个政治人物的政见。那么，当选者顾及持相同政见者的利益，也该在‘情理’之中。”

巴菲特自然可以将所有的投资原因用他惯常的安全边际和“护城河”的“两弦琴”演绎一番，照例可以引来信徒们仰慕的眼球——对巴菲特来说这太简单了。不谦虚地说，这样的本领，我作为一个股评节目主持人也学了一二。今天的股票为什么跌？为什么涨？我总能张口给出几个理由。其实，我左口袋有十个涨的理由，右口袋也一定有十个跌的理由，和行情无关，只和你的饭碗有关，和职业训练程度有关。

巴菲特认为他对美国银行的盈利能力“印象深刻”。然而，信徒们忽略了一则新闻。就在巴菲特投资下注的前几天，美国

总统奥巴马会见了这位“白宫特别顾问”。双方主要讨论了美国经济整体前景，并探讨了刺激投资和提振经济增长以及解决长期财政问题的可能措施。

呵呵，值得玩味的想象空间太大了，无需我再缀一言。

《巴菲特阴谋》的作者余治国认为，巴菲特所做的事情完全是暗箱操作的资本运作，甚至都不是在我们平常所谓的一级市场上的资本运作，更不是普通股民的二级市场之炒股。无论在美国或中国，资本运作不是普通人所做的事情，需要有相当深厚的人脉关系与背景。换言之，什么是资本？资本不仅是资产、钱或货币，政治权力、人脉关系也是一种资本。巴菲特混的是帝王级的金权圈子，和闷声发大财的人不一样，巴菲特的乐趣是不时从云端的圈子里扭过头来，对圈子外面蚂蚁一样的信徒说，我的成功可以复制——你信吗?

金融危机爆发后，巴菲特斥资 30 亿美元和 50 亿美元，先后购入通用电器和高盛集团的优先股。当人们对市场纷纷失去信心之时，“股神”巴菲特却逆市入场。在回答为什么要入股通用电器公司的时候，巴菲特一直面带笑容，难掩对这项投资的得意。他先是来了句桥牌术语:“我很喜欢叫牌。”叫牌，一定要拿出自己有分量的牌，才能要下来人家的好牌。巴菲特为什么喜欢叫牌，因为他手里有牌——这只是前提条件之一——他不仅自己手里有牌，还能看到别人手里的牌。他目生于顶，一览无余，明明是出老千，赌场监控录像却抓不到把柄。

有钱人赚钱和穷人赚钱不是一回事，中了巴菲特毒的人偏偏认为巴菲特将有钱人的赚钱密码无私地奉献给了全体穷人。巴菲特对他的信徒们说:“亲爱的父老乡亲们，我们用扑克牌来玩一种叫做价值投资的游戏，今晚我们好好打，争取每人都赢钱！”对这样的话，我们万不可当真！

## 总还有最后一桶金畿尼

在当下全球一体化的资本博弈中，没有一种权利可以通吃所有对手，美国总统也常常有焦头烂额的时候。巴菲特的聪明在于，他通过“政治正确”获得了“权”的优势，同时又通过“金”的技术优势获得了市场竞争优势，两种优势相互强化巩固，进而无往而不胜。

巴菲特不无得意地说：“当 2008 年金融体系发生危机时，伯克希尔·哈撒韦公司并没有像其他金融机构那样请求政府援助，我们反倒成了货币流动性的供应者。在危机最高潮的时候，当其他公司纷纷请求联邦政府援助时，我们反倒新增了 155 亿美元投资。”巴菲特深深懂得现金流充裕的重要性——又有谁不懂呢？在巴菲特看来，只有手上握有足够的现金，当危机到来时才能有效应对——大师又说了一条真理。

一只股票跌了怎么办？如果不止损的话，就没有资金了。还记得中信泰富豪赌博澳元下跌吗？荣智健折戟沉沙，其实也是功亏一篑，只要再咬牙坚持一个月，或者被巴菲特公主吻一下，就癞蛤蟆变王子，柳暗花明了。

如果你的钱能够源源不断，那么就无需止损，相反，能无限摊薄进货成本，行情有个反弹，就能获利。

1499 年，法国国王路易十二打算征服意大利。出兵之前，他询问出生于意大利米兰的马歇尔·特里武尔奇奥，靠什么才能打赢战争。特里武尔奇奥毫不犹豫地告诉路易十二：“你所需要

的就是金钱、金钱、金钱。”后来的路易十四也曾经感慨，只要坚持到最后一个金畿尼，就能获胜。

巴菲特就是这样，他的融资体系让他总有最后一桶金畿尼。关于这个秘密，巴菲特从来就没有封存在银行的地下保险柜里，而是开诚布公地在给股东的信里说得清清楚楚——浮存金。

解释一下浮存金（Float）。巴菲特说：“保险公司的浮存金是一笔虽然不属于我们所有但可暂时为我们所用的资金。我们的浮存金增加的两个主要原因是：（1）在保险业务中，我们先收取保费，通常在1年左右之后才提供保险服务；（2）目前发生的损失不表示我们马上就要理赔，从发现损害、调解到最终解决，有时需要经过好几年的时间。”

“浮存金的确是一件大好事，但前提是取得的代价不能太高。其成本取决于承保的结果，也就是我们的费用和最终承担的损失与收取的保费对比后的结果。当一家保险公司获得承保利润时，就像伯克希尔过去38年来多数年份的保险业务那样，浮存金的成本甚至低于零成本。在这些年度，我们实际上是持有客户的资金还要向他们收费。”

“2004年我们的浮存金成本低于零，即负成本。我曾告诉大家，除非发生超级巨大灾难，2005年我们仍会有机会使浮存金成本为零。遗憾的是，作为承保超级巨大灾难保险的专家，我们确实遭遇了超级巨大灾难，飓风使伯克希尔损失高达34亿美元。尽管如此，我们的浮存金仍然无需支付任何成本，这主要是由于我们其他保险业务尤其是GEICO的杰出经营所创造的超级业绩。”

浮存金并非保险业的常态，正如巴菲特所说，对于其他大部分保险同业来说，日子却过得非常艰难——总体而言，承保的财产意外险通常不可避免地会发生承保损失，当损失很大时，他们就必须为浮存金支付代价，有时甚至是毁灭性的代价。

从巴菲特对公司浮存金负成本的解释中，我们可以看到巴菲特最贴身的马甲——不是股神，而是保险业经营之神。

巴菲特的秘密是如何形成的呢？我们不妨简单回顾一下。1967 年 3 月，伯克希尔出资 860 万美元购买了奥马哈的两家头牌保险公司——国民赔偿公司和火灾及海运保险公司的全部流通股，合计拥有 2470 万美元的债券和 720 万美元的股票组合，开始了保险帝国的营造。整个 70 年代，巴菲特一共购买了 3 家保险公司，并另外组建了 5 家保险公司。

自伯克希尔 1967 年全力投资保险业以来，伯克希尔的浮存金每年以 20％多的复合成长率增加。从 1968 年年底的 2000 万美元，到 2006 年年底的 509 亿美元，这些浮存金大部分时间的成本为零，甚至是负的。如此低的资金成本成就了巴菲特的投资梦想。

在 2009 年 2 月写给股东的信中，巴菲特说：“正如去年年报预期的，我们的保险业务在 2007 年实现的非同寻常的承保盈利在 2008 年是不可复制的。不过，保险集团实现了连续第 6 年的盈利。这表明我们的 585 亿美金保险‘浮存金’（这部分钱不属于我们，但是由我们来持有和投资，并获益）对我们的成本是 0。”

数额庞大且成本为零的保险浮存金是理解巴菲特投资风格的关键因素。上海新理益投资管理公司的老总刘益谦靠新股认购证、职工股和法人股发家，现在也控股了一家保险公司。刘益谦希望成为中国的巴菲特，但至少目前来看，难度很大。例如，对浮存金的使用，国内法规限制很严，要求国内保险资金投资于股票和股票型基金不能超过该公司上季末总资产的 20%，投资于未上市企业股权的比例不能超过 5%，等等。而美国保险法对浮存金使用的限制则少很多。

## 是遗赠还是捐赠

金融危机后，为减少美国国债，巴菲特呼吁政府向富人增收更高的税，大义凛然地高呼“向我开炮”，将自己和那些“为富不仁”的1%的超级富豪划清界限，一时间议论纷纭，却赢得了无数属于美国“99%”阶层民众的赞誉。

在2012年新年伊始的《时代》周刊上，巴菲特表示，只要国会中的共和党人每捐出1美元，他也捐出1美元。巴菲特还表示，唯一的例外是参议院共和党领袖麦康奈尔，他曾对巴菲特的“富人税”说法提出非议，反对取消遗产税。巴菲特称，只要麦康奈尔捐1美元，他就捐3美元。面对巴菲特“为民请命”的鼓与呼，麦康奈尔讽刺道，如果巴菲特真认为自己缴税太少有“愧疚感”，他就应该“开张支票”。而纽约市市长彭博也反感巴菲特提倡的富人税，认为这不过是场政治戏码。彭博甚至反讽巴菲特，如果他的所得全数来自辛苦工作，而非资本利得，相信他纳的税会高得多。

金融界同行的最大揶揄之声发自有“全球避险基金教父”之称的迈克尔·斯坦哈特（Michael Steinhardt）。斯坦哈特是华尔街最成功的基金经理之一，如果在他的旗舰对冲基金斯坦哈特合伙人基金（Steinhardt Partners LP）成立时的1967年投入1万美元的话，到1995年他退休时，那1万美元的价值就已经是481万美元。

2011年4月，斯坦哈特接受美国CNBC电视台采访，认为美国市场不再精彩，像是一片静水。话锋一转，他说道："全世界喧嚣纷乱，而在美国，我们最担心的却是：巴菲特到底要多久才能走下神坛，你们到底要多久才能认清事实。"斯坦哈特称巴菲特是现代最伟大的公关先生，而不是所谓的真正践行价值投资理念的市场先生。巴菲特长袖善舞，巧言令色，成功欺骗了新闻媒体和善良公众，早该被一脚踢下神坛。

在谈到当时备受关注的"索科尔事件"时，斯坦哈特认为"这是丑陋的事情"，却并不是巴菲特干过的唯一丑事，他将所罗门兄弟前董事长约翰·古弗兰（John Gutfreund）扫地出门时，态度一样恶劣。

针对巴菲特热衷的慈善捐款，斯坦哈特轻轻揭示了一个令人惊讶的事实。"巴菲特在他人生前 70 年只捐赠过两分半美元，直至忽然有一天，摇身一变成为世上最伟大的慈善家，更开始游说其他亿万富翁学习他的榜样。"斯坦哈特是不是为了吸引眼球，或是出于羡慕嫉妒恨而故作耸人听闻之语？

巴菲特将一家小纺织企业发展为世界上最大的投资机构，几十年没有派发过股息。巴菲特曾说过，在他早年运营伯克希尔·哈撒韦时，避免派发股息使其能将重点放在改善业务上，就像一个人不会"虚度青春"那样。只有维持最庞大的资金规模才能赢得最高效率的投资回报，只有持之以恒才能坐享复利的奇迹，今天多吃一个鸡蛋，无异于屠杀明天的一个养鸡场。有媒体揣测，巴菲特"唯 GDP"观念意识开始转变，会在 2013 年度公开信中阐述股息战略，这有助于下一任领导层应对利润分配的挑战。然而，2013 年 3 月 1 日，年度公开信亮相之后，人们发现，巴菲特依旧没有支付股息的意图，他"需要用公司的现金去打捞大海里剩下的鲸鱼"。

2012 年伯克希尔·哈撒韦的每股账面价值增幅 14.4%，没有

超过标普 500 指数 16% 的年涨幅。这是过去 48 年以来，第九次未能超过标准普尔 500 指数涨幅。巴菲特称这是“表现不佳”的一年。尽管如此，纵观历史，伯克希尔·哈撒韦的股票依旧是一张令人羡慕的财富快车票，所以，尽管巴菲特抠门，股东也没有什么值得抱怨的。

斯坦哈特将巴菲特比作一毛不拔的铁公鸡，或许有开玩笑的意思，但“摇身一变”的判断基本符合实际情况。而所谓“摇身一变”，更确切的说法是“摇舌一变”。

在巴菲特享受着超低资本收入所得税的时候，他倡导富人税，向自己的富豪营垒反戈一击；在巴菲特还没有捐出一分钱的时候，他摇唇鼓舌，全世界都知道这位“低调”的慈善家不仅要捐钱，而且还周游世界，鼓动那些觉悟不高的富豪也来学习他的榜样了。

巴菲特于 2006 年 6 月开始架构自己的遗产分配战略，将伯克希尔·哈撒韦公司的部分股份分配给 3 名子女的基金会，将 1000 万股伯克希尔·哈撒韦公司 B 股捐赠给比尔和梅琳达·盖茨基金会。2010 年 12 月，比尔·盖茨与巴菲特等富豪签署“巴比捐款誓言”，承诺至少捐赠一半身家给该慈善基金。巴菲特在遗嘱中注明：他去世时尚未指定慈善用途的股票，将全部捐给苏珊·汤普森·巴菲特基金会。这个基金会致力于改善妇女生育健康和限制核武器扩散。

2012 年 8 月 30 日，巴菲特在自己 82 岁寿辰之际，给自己的三个孩子霍华德、苏西、彼得的“慈善基金会”各追加 6 亿美元。57 岁的霍华德·巴菲特要协助贫穷国家农民增产，以解决全球饥饿问题；59 岁的苏西·巴菲特要加强幼教和设法减少少女怀孕；54 岁的彼得·巴菲特要透过教育、协同合作和经济发展，为全球女性赋予能力，以终结女性遭到暴力侵犯。

巴菲特近些年赠送给子女的基金会的伯克希尔·哈撒韦公司股票总值达到21亿美元，全部免税！巴菲特大把掏钱，是遗赠还是捐赠？

从免税的角度看，这显然是无偿捐赠，但从受捐者的身份看，分明又是舐犊情深的家族继承。“我们被赋予这种惊人的机遇，可以在可能的领域尝试和做出改变，”彼得·巴菲特说，“作为父亲的子女，我们不能只想小事。”但巴菲特的子女并没有操作基金的相关技能，也没有相关成绩或其他充分的证据表明能像比尔·盖茨夫妇那样能真正地做好基金会。大儿子霍华德·巴菲特说：“我能感到来自父亲唯一的压力，就是得证明我们在投资时够聪明。”但即便啥也不做，啥也不会做，也没有一点关系，巴菲特早就下了定论：“他们都做到和超越了我对当初的捐赠所希望的一切。”美国人喜欢说，天底下只有死亡和税收不能逃避。聪明的巴菲特一方面与死亡做着结果并不乐观的抗争，另一方面却卓有成效地实现了第二项逃避。

和雷声大不下雨的巴菲特不同，很多慈善家做了善事之后就如春风化雨，“随风潜入夜，润物细无声”。首富比尔·盖茨的慈善事业持久而颇有建树。比尔·盖茨的财产超过400亿美元，迄今为止他已经捐出了超过250亿美元，还在遗嘱中宣布拿出98%捐赠给以他和妻子名字命名的“比尔和梅琳达·盖茨基金会”，用于研究艾滋病和疟疾的疫苗，并为世界贫穷国家提供援助。



名声不好的金融大鳄索罗斯其实是一个充满理想主义激情的慈善家，为削弱南非的种族隔离政策提供了大量资金，还有鲜为人知的查尔斯·菲尼（Charles Feeney），全球免税连锁商店的创始人。自1982年以来，菲尼捐出了40多亿美元的金钱，其中包括捐助给母校康奈尔大学的6亿美元，以及捐助给爱尔兰学校的10亿美元。菲尼没有自己的房子，以公共汽车、地铁和出租

车代步。菲尼的基金会没有任何他个人的印记，他准备到2017年将自己剩余的数十亿美元资金悉数捐出。菲尼的捐款多是匿名的，很多连亲友都不知情，菲尼自己更没有记录捐款伟大动机与高尚情操的“名人日记”，没有像陈光标一样，每一分钱都要赚回媒体闪光灯的一声“咔嗒”。

钱财乃身外之物，生不带来，死不带去。巴菲特一生风光无限，如今80多岁了，正在接受前列腺癌的治疗，而口袋里却拥有447亿美元之巨的私人财产。掏钱回馈社会，与其说是奉献，不如说是一种解脱。巴菲特一方面高调慈善，另一方面却给人留下暗度陈仓、合理避税的话柄，与名缰利锁依旧纠缠不清。

陈思进在《巴菲特式的另类劫掠》中说，我们无权苛求他，钱是巴菲特自己赚的，他想怎么花就怎么花。但问题是他刻意将自己放在道德的圣坛上，目的只有一个：他想以崇高人格化身的光环，给自己带来更大的经济利益。

## “低调”其实最需要高超演技

谁都知道大名鼎鼎的巴菲特是非常“低调”的，巴菲特是亿万富豪“低调”锦标赛的世界冠军！“低调”，是巴菲特最显著的人格魅力之一，但很少有巴菲特的粉丝会反思这一命题的悖谬——有这样让地球人都羡慕的低调吗？

1985年，巴菲特帮助Capital City收购美国广播公司，这是当时最大的媒体购并案，轰动一时。巴菲特提出的一个小小的要求竟然是在美国广播公司制作的《All My Children》肥皂剧中扮演一个配角，与当红影视明星 Erica Kane 同台露脸。50 岁的巴菲特又唱又跳，很是过了一把瘾。当时伯克希尔·哈撒韦的股价为每股 2000 美元，巴菲特早已成为名副其实的亿万富翁。

“低调”的巴菲特似乎总有一种吸引眼球的潜意识，喜剧、悲剧、闹剧、搞怪，只要能露脸，巴菲特都很投入很享受。巴菲特在宾夕法尼亚大学的室友 Chuck Peterson 透露，巴菲特在大学期间十分邋遢，一点也不修边幅，却经常两只脚穿不同的鞋，得意地在街上走来走去，享受路人投射过来的关注或讶异的眼光。巴菲特表演欲之强烈可见一斑。

回忆自己 20 岁第一次寻找投资客户时的情形，巴菲特说，自己看起来像 16 岁，行为像 12 岁。客户在听完介绍之后，总不忘问一句：“你的父亲是什么意见？”意思是你还没有长大，还要征求监护人的意见。天真单纯，缺少心机，一副娃娃脸，总也长不大，智商平平却幽默搞怪，简单地说就是很傻很天真——巴菲特显然对这一形象非常满意，并定格为自己的性格禀赋的舞台定妆照。

从市场策略上说，巴菲特走的是草根路线，不仅把自己这个“富二代”“官二代”包装成一个自小“提篮小卖”的穷小子，还不惜自曝家丑——这是一着险棋，但巴菲特技艺高超，效果奇佳，因为有缺点有瑕疵，反而更真实，人无完人，巨人也有短处嘛。看来非但中国人，美国人也好这口——“浪子回头金不换”是普世价值。

巴菲特 12 岁时，随家人从内布拉斯加州搬到华盛顿。巴菲特不爱学习，成了街头混混，还到百货商店偷东西。这个街头混混发了大财，成了百万富豪之后反倒内敛羞涩起来，社交场合手足无措，连找女朋友也要事先去卡耐基培训班强化一下，以提升自信，消除社交恐惧。早年巴菲特的种种劣迹和窘迫，是实录还

是文学创作，反正没有旁证和物证，全凭巴菲特功成名就后的一面之词。因为巴菲特的成长经历很“草根”，很“卡耐基”，很“美国梦”，所以，无论巴菲特怎么说，记者和媒体也乐得照单全收，再发扬光大。只有少数人能够从更高的理性角度来认识巴菲特的不简单——“阿甘”固然励志，那是在电影上！

然后，巴菲特又说自己在骨子里是一个事业心和成功欲极其强烈的人，自己 11 岁的时候就立志要在 35 岁之前成为一名百万富翁——别忘了，依照巴菲特在其他场合的说法，自己 12 岁的时候还是一个懵懵懂懂的街头小混混。相互抵牾的两句话不可能同时为真，必然有一句为巴菲特所编造。无论哪一句为真，都足以说明他一点也不天真单纯，一点也不缺少心机。真正天真单纯、缺少心机的是巴菲特的粉丝们！

从 1977 年巴菲特 47 岁的人生鼎盛之年到现在，巴菲特每年都写一封给股东的信，信件蕴含了丰富的人文、社会与经济信息，是真正的资本家心灵成长史与企业生命年轮。其实，刚开始的几封信篇幅不大，束手束脚，不苟言笑，主要是营运介绍和财务汇报，只有数字没有温情，只有企业没有人性。巴菲特找到文章化妆师凯洛·鲁米思( Carol Loomis )，经过凯洛·鲁米思的美容手术，巴菲特给股东的信变得有声有色，越来越风趣幽默，穿插着文学典故、《圣经》格言和故事笑话，逐步变成全球传诵的“巴菲特论语”的主要载体。

可见，巴菲特看似真诚流露的东西，实际上都是处心积虑包装的产物。巴菲特和媒体的交往与互动，从来就没有一丝一毫他所一再渲染的社交障碍。巴菲特来中国，怕翻译饿了，便递过一盒打开的巧克力说：“美女，你吃块巧克力吧。”为赢得记者的好感，软化记者的质疑，营造欢乐和谐的气场，与媒体结成最广泛的统一战线，巴菲特真不愧是顶级公关先生，一切做得那么自然得体。当然，也有不配合的刺头记者。但巴菲特的敏感雷达能探知哪些记者可以接近，哪些记者可能比较麻烦。传记《滚雪球：巴菲特和他的财富人生》作者艾丽斯·施罗德就说过："对那些他担心会批评自己的任何人，巴菲特总是敬而远之，或者对他们惜时如金。"

在巴菲特与喧嚣势利的商业传媒的合谋下，巴菲特开创了"神话"传记写作的新流派。美国人写的巴菲特传有几十本之多，翻来倒去无外乎两个角度：一个角度是好莱坞情节，是美国梦式的说教——一个先天与后天资质禀赋都十分寻常的穷小子，看了两本股票书，在大学得到了价值投资大师格雷厄姆的指点，顿悟投资秘诀，从此炒股翻番，点石成金。另一个角度就是赚钱有秘籍，他的成功可以复制！其实，这是典型的中国文革式假大空写作，而不是西方传记的传统风格，西方传记喜欢弗洛伊德式的分析，写传记一般都从家庭、父母开始写，然后用心理学琢磨传记主角性格。巴菲特的传记颠覆了这一传统，唯一合理的解释就是巴菲特不希望被理性分析。任何神话都经不起理性的探寻。再就是好莱坞情结，美国梦说教更有市场，更有票房号召力。

其实，巴菲特的道德形象也就是在公众舆论视野里，在"不明真相的群众"眼中才熠熠发光，业内同行对他的评价并不高。大家在一个圈子里赚钱，或盟友或对手，商人的心思和手段一目了然，大家彼此彼此，心照不宣，谁也蒙不了谁。

比如说，1998年，著名的对冲基金长期资本管理公司（Long-Term Capital Management）遭遇灭顶之灾，很有些像1991年所罗门兄弟公司的债券竞购权遭遇美国财政部封杀而朝不保夕。对冲基金长期资本管理公司的创始人，也就是前所罗门兄弟公司套利投资部分的负责人约翰·麦瑞威瑟（John Meriwether）向巴菲特求救。巴菲特不顾全球金融体系可能遭遇

崩盘危险的严重后果，依旧摆出当初帮助所罗门兄弟公司反恶意收购的“白马骑士”式的救世主姿态，但出的却是白菜价，收购价低得离谱。后来，美国联邦储备局不得不出面，多方联手，才让整个金融体系度过一劫。

巴菲特的“政治觉悟”非但比不上20世纪初的华尔街富豪摩根，甚至也比不上投机商利佛莫。20世纪初，美国股市崩盘，接受摩根的建议，利佛莫没有趁火打劫，在市场没有买家时，反而进场买回放空盘，避免市场的彻底崩溃。利佛莫与巴菲特在商业道德上的高下立见。这也是为什么虽然利佛莫结局悲惨，仍广受尊敬；而巴菲特即便商业成就非凡，业内人士大多对其无好感。明明心狠手辣，却要装作正人君子，明明是作秀和煽情的好莱坞大众偶像，偏要用高音喇叭来宣扬自己“低调”——这就是巴菲特！

巴菲特的肚子里装满了早已被消化或是正在被消化的山羊绵羊喜羊羊，但是，普通投资者始终认为他是一个慈祥的食草动物。非但如此，他还指责他的华尔街同类们是大灰狼，丧尽天良！华尔街要洗心革面，请从我开刀——多么义正词严，多么大义凛然。

## 巴菲特写给所有粉丝的信

巴菲特写给股东的年度信件，早已超越了公司财报的范畴，成了巴菲特常换常新的绚丽衣裳中最让人期待最引人瞩目的一件。如果没有这一包装物，巴菲特即便是世界首富，是股神，也很难成为山姆大叔的代言人，成为上帝许诺的山巅之城的典范公民。

如果说法国的名片是埃菲尔铁塔、戴高乐、香槟和香水，那么，美国的名片恐怕就是航空母舰、苹果手机、自由女神像和巴菲特了。

我们随意挑选一些信件，看看巴菲特是如何利用这个“告全体地球人投资者的公开信”来塑造一个完美形象的（信件译文摘自巴菲特粉丝网《巴菲特给股东的信》全集）。

> **我的房子是1958年在内布拉斯加州奥马哈市以3.15万美元买下的，至今我收获了50多年的幸福回忆。**
>
> ——瞧，我和华尔街那些贪婪的家伙不一样，他们是美国中产阶级的噩梦，我是勤俭的清教徒，是美国梦的践行者。
>
> **1944年，当我还是一个年仅13岁的送报生时，第一次申报所得税整个1040表只有三页，在减除35元脚踏车扣抵之后，结算出应纳税额为7.1美元。我将支票寄给美国国库，并于不久之后兑现。一直以来，我们都相安无事。**
>
> ——瞧，我从小就是纳税爱好者，我是一个纳税的好公民。我反对美国政府取消财产税，自己的税率比自己的女秘书还要低，这样不公平！2011年8月，我在《纽约时报》上公布了自己的纳税额。我的税率（17.4%）比办公室20多名雇员的平均税率（36%）低不少。美国对亿万富翁过于溺爱，应该增加富人税。中产兄弟们，我是你们的兄弟。
>
> **去年我要大家投票决定股东会在星期六或星期一召开，我个人是比较偏爱星期一，不过最后投票结果，星期六以二比一的比例胜出。**
>
> ——瞧，我的钞票虽然很多，但是钞票服从选票，我推崇民主，民主是我们美国的基石。当然，我因为钞票多，所以能出入总统办公室，如果说我的选票比你们的选票更管用

的话，那是因为我的选票比你们的选票更民主。看过奥威尔的《动物庄园》吗？在众生平等的动物庄园里，有些动物比其他动物更平等。

大约有97%的股东参加了去年的股东指定捐赠计划，透过这项计划，去年我们总共向1934个不同的慈善团体机构捐出了400万美元。我们促请新加入的股东赶快看一看相关的计划，若你在未来年度也想参加，务必确认将股份登记在自己而非信托公司的名下。

——瞧，我们的股东都有爱心，捐赠是我们的传统。虽然我并没有为社会创造一分钱的财富，虽然我作为“股神”能享受“股神效应”，但是，我“赚钱不为己”，我把股票的四分之三都捐给了比尔·盖茨的基金会。我确实很能赚钱，虽然取之可疑，但用之有道啊。

你们要去家具店看看B太太，她对你们去年的表现不太满意。如果你们今年不解放你们的钞票的话，我很可能会采取某些措施。

——瞧，在资本主导一切的冷漠的华尔街世界，我依旧对事业的合作者，对那些“插满蜡烛的大蛋糕”们充满了融融情谊。当然，在华尔街的博弈中，我的成功往往意味着别人的失败，我的低成本往往是穷人付出的代价，华尔街的石板路上沾满了跳楼者的血迹——这属于儿童不宜，你们就不需要知道得太多了。

去年我的表现未达最佳状态，我投了五次才勉强丢出一记好球。今年的剧情将会不太一样，我将不会再透露我的球路，我只能说Ernie今年要面对的将是与以往截然不同的球路。股东会资料将告诉大家如何取得球赛入场的门票，以及大量有关奥马哈的旅游资讯，股东会期间将有许多活动，所

以一定要来参加资本家的伍斯达克嘉年华会。

——瞧，我热爱运动，热爱音乐，热爱生活，精力旺盛。我虽然七老八十了，但是，我还是小伙子，我还年轻，就像当年里根总统说的，我还在登山，美国也还在登山，我青春洋溢，美国也依旧青春洋溢。

伯克希尔的投资规模和投资回报复合增长率难以比翼齐飞，但我们的目标还是努力使这两个表格中的数字能够双双实现增长。对于我们的这一雄心壮志，我们希望（打个比方），避免那些年迈的夫妇一度在罗曼蒂克方面面临挑战的命运。当这对夫妇庆祝结婚50周年的晚餐结束之后，妻子在温柔的音乐、醉人的香槟和摇曳的烛光的刺激下，忽然感到一阵久违的冲动，于是故作娇羞地建议她的丈夫一起上楼到卧室去ML。她丈夫极度痛苦了好一阵子才回答说："上楼行，ML也行，既上楼又ML我可不行。"

——瞧，我们美国人即便成了老古董也还有一颗浪漫的心，即便成了"老狗"，也依旧情趣盎然，甚至"性"趣盎然。中国的《论语》评价《关雎》，不是说"乐而不淫，哀而不伤，怨而不怒"吗？中美文化有差距，但是，普世价值是客观存在，我的价值投资理念和"性趣"一样，属于普世价值。

Gorat's牛排馆的T骨牛排加上双份的牛肉丸、汉堡包和薯条，外加一杯可乐，天下第一美食。

——瞧，你们可能认为我不是一个简单的人，但我确实有简单的品味。美国太需要一个道德典范了，而我就是。我是标准的美国中产者，我和你们一样生活富足，却也简直乏善可陈。我和妻子苏珊以及阿斯特丽德三个人共存的婚姻关系算是有些小故事，但人非圣贤，孰能无过？何况，在苏珊因病去世两年之后，我就在女儿的家里正式娶阿斯特丽德为

> 妻。她曾经只是奥马哈一位极其普通的女侍应。我虽然有钱，但儿子开着拖拉机种玉米，那是正宗的美国农民。我和所有的美国中产一样，或者说，美国中产和我一样，都是一个节俭的人，一个高尚的人，一个谦虚谨慎的人，一个脱离了低级趣味的人，一个有益于人民的人。

巴菲特编织的金缕玉衣，最核心的自然是他的价值投资理念。这件金缕玉衣如此美轮美奂，耀眼夺目，以致人们无法看清穿衣人作为普通人所拥有的缺点或瑕疵，即便真实的巴菲特的表现与股神的标准像有出入，人们也乐于宽容大度，以标准像取代不那么标准的真实人物。

比如，他在 1989 年花费公司 1000 万美元购得一架私人飞机，单维修费就是老飞机的数十倍。他一边在写给股东的信里广而告之，一边自责说“不可饶恕”。他一边津津乐道自己的旧房子，一边在加利福尼亚的拉古纳海岸购买了一栋价值 400 万美元的别墅——只有个别媒体质疑，却没翻出几个像样的浪头。

巴菲特的自我塑造也有一个动因。巴菲特在 1958 年收购过一家风车制造厂，他清空了有价值的资产后脱手卖出，被当地报纸痛骂是个没心肝的金融大鳄。自此之后，他刻意经营媒体形象，把自己包装成一个朴实的美国中西部人，与华尔街那些贪婪的银行家划清了界限。

巴菲特对自我塑造的领悟，伴随着媒体经营的过程。在这个过程中，他不但意识到媒体是一道“护城河”，更是一个舞台。巴菲特曾说：“让我们砍下树木，买下昂贵的印刷机，再买几支卡车运输队，就为了让人们掏钱去阅读昨天的新闻——这多可笑！”然后，2011 年年底，美国股神沃伦·巴菲特花费 2 亿美元，买下了其家乡的一份报纸——奥马哈《世界先驱报》。声东击西，指南打北，巴菲特的迷踪拳和无影腿功夫确实了得。

巴菲特曾是《华盛顿邮报》的董事与投资人，早在 1977 年他就收购了《布法罗新闻报》成为其公司的子公司。很显然，美国媒体的天职是“扒粪”，但“扒粪”不过是“扒粪者”的饭碗，有哪个“扒粪者”昏了头胆敢“扒”到自己老板的头上？投资家乡媒体，甚至不赚钱也无所谓，因为巴菲特清楚，家乡的媒体是公众形象的大本营和根据地！

2012 年中国农历春节，巴菲特表演吉他自弹自唱，在网络电视台上向中国观众和他的信徒们拜年。

在公共舞台上，巴菲特的红舞鞋越来越合脚了，在美国主流价值的舞台上，他要做美国价值的首席大祭司，向全世界布道。

在 2006 年写给股东的信中，巴菲特说：“芒格和我都无比幸运，能够生在美国，在父母的良好照顾下，接受高等教育，建立其乐融融的家庭，并且享受健康的生活。同时又因为具备了‘商业’基因，我们获得无与伦比的财富。但在增进社会福祉的贡献上，却未必超出一般人。而且，拜许多杰出与热情同僚的协助所赐，我们能一直以无比的热忱对待工作，难怪我们上班都像在跳踢踏舞一样，热闹而有趣。”

巴菲特这段话说得生动形象，真诚坦率，是巴菲特语录中最少矫饰的真情流露。但是，我想，这可能正是巴菲特对中国粉丝们的最大伤害——学我？能学得了吗？首先我是美国人！

作为美国价值的主旋律歌手，巴菲特恨不得站在国会大厦的顶上，唱支深情的山歌献给山姆大叔。

下面摘录“巴菲特写给山姆大叔的信”的一些片段。

亲爱的山姆大叔：

妈妈让我尽快寄封感谢信给你，我一直都疏忽了。

让我来告诉你写这封信的原因。就在两年前，2008 年 9 月，我们的国家面临着经济崩溃。支撑抵押贷款体系的栋梁——房

利美与房地美被迫接受托管。我们最大的几家商业银行也摇摇欲坠。华尔街一家庞大的投资银行已经倒闭，剩余的三家也准备跟随世界最著名保险公司 AIG 的步伐，在鬼门关前游荡。

……

在那种情况下，只存在一种反向的力量，那就是你，山姆大叔。没错，你经常动作迟缓，甚至笨拙。但当企业和全世界的民众都冲向流动性时，只有你有能力充当交易的另一方。当我们的民众对他们曾经敬仰的机构的信心在一分一秒地消退时，只有你可以让他们平静下来。

……

嗯，山姆大叔，你做到了。人们会在事后评判你的具体决定。这是肯定的。然而，就像存在战争迷雾一样，惊恐迷雾也同样存在。总体来说，你的做法相当有效。

……

所以，山姆大叔，我要再一次感谢你和你的帮助。很多时候，你铺张浪费、欺负弱者。有时，你简直让人发疯。但在这个非常的紧要关头，你脱险了。如果你没有脱险，现在的世界将会大不相同。

你感恩的侄子

沃伦

巴菲特对美国充满了无限的信心和玫瑰色的憧憬。唯一担心的就是核攻击。

2002 年 5 月，就在“9•11”事件发生后不久，巴菲特在接受 CNN 采访时说，在这个世纪中，我们将遭遇一次重大的核攻击。它肯定会发生。不管是发生在 10 年后或者 10 分钟之后，抑或 50 年后……这几乎是必然的。但是，核攻击的阴影显然没有妨碍他投下 340 亿美元到北方铁路公司，还有数十亿美元到 GE

和高盛。他表示：美国的未来将更加繁荣。

无论在什么时候，他都赌美国未来更加繁荣。因为，巴菲特满手都是牌。如果世界充满了危险如何？别忘了，巴菲特是开保险公司的，在核弹丢下来之前，他的存浮金会淹没银行，他会成为真正的资本之王。核爆之后，如果地球还存在，巴菲特“大而不能倒”，带着皱巴巴的领带去总统办公室，依旧能“钓”回一条新领带。

幕间茶话

## 技术派喜欢冒充价值派

“昨天电视上看到你采访某某某了。几千元起家，赚了好几个亿。你注意到没有，他是标准的巴菲特价值投资理念的倡导者。买‘黄山旅游’前亲自去考察一番。”熊文革给我打电话，挺亢奋，像是从我这里找到了捍卫巴菲特的同盟军。

熊文革也是我从小一起长大的好朋友。为了吸收原汁原味的巴菲特经典精髓，他曾硬着头皮一边查字典一边看英文版。

“你看到他‘讲人话’，我听到的是‘人讲话’。”我笑了笑说，“你知不知道，他私下说的和在节目上说的不一样。”

“不会吧？他分析‘黄山旅游’头头是道，如果没有扎实的财务报表的知识，根本就谈不出来。行家一出手，就知有没有。”

“三脚猫的功夫也就忽悠一下中了‘巴毒’的人。我在饭局上问了他几个问题，他玩太极，打马虎眼，根本就回答不上来。”

“什么问题？”熊文革问。

“为什么选择‘黄山旅游’，而不是‘桂林旅游’？”

“他说‘黄山旅游’的市盈率更低，有安全边际和‘护城河’。但是，我说，巴菲特看重现金流，显然后者更好。”

“那他是怎么回答的？”

“几个来回，他总算说了实话——最后还是要看K线！”

熊文革有些愕然：“这些问题你应该在节目上有所反映。”

“你以为我和你一样傻啊。这样的大明星能请过来就是我节目的成功了，何必让他难堪呢。”

我将这事和牛卫东说了。

“你说的是他啊，两年前我们在香港就认识。上次去黄山，是我们共同的一个朋友约的，只是去玩，谁还真那么傻，搞什么上市公司调查啊。这年头，你能调查出个鸟啊！”

“我遇到不少这样的嘉宾，明明是技术派，却大谈基本面。”我点头道。

牛卫东说：“基本面的价值研判，似乎更能体现专业水准、敬业态度和职业操守，更符合中国人天道酬勤的价值观和道德观。尤其是基金经理，只有考察基本面，他们才有一个正面的公众形象。”

“为什么基本面派就让人放心，而技术派总有旁门左道的意味？”

牛卫东说，这确实很有意义。我只能说，巴菲特确实很牛，不是他的投资方法论，而是他的宣传包装术——田忌赛马。看看，我就是通过价值投资法获得成功的。拿一种方法论中的“上马”与别的方法论中的“中马”和“下马”作比较，能不遥遥领先吗？

# 第三章　小散学不得巴菲特

不要上巴菲特的当

## 巴菲特买的股票智商更高

童叟无欺，印花税面前人人平等，是中国股市的“亮点”。而西方发达国家的股市则倾向于利得税，如果亏本还能免税——在交易制度的设计上，西方发达国家倾向于保护中小投资者的利益。从这一点上说，只要进入股市，中国股民就已经输给了美国股民或是澳大利亚股民。中西方股市在制度设计、市场环境、公司质量、宏观经济状态等方面的巨大差异是一个大话题，这里不作讨论，我们先关注股票本身的特征，尤其是巴菲特所投资的股票与你持有的股票之间的差异。我们会发现，如果将两类股票拟人化的话，巴菲特的股票在智商、财商和情商三方面明显更好一些。而“三高”是巴菲特股票的天赋异禀，普通投资者根本无法复制。巴菲特只爱以股票的长期表现来佐证他的价值投资理念，却有意无意忽视了其独特的“三高”优势。

你的股票与巴菲特的股票智商不一样。巴菲特的股票折扣更高，收益更稳定，风险更小，含金量更多。巴菲特选择更多，无须在几千家公司中通过雪泥鸿爪，或是蛛丝马迹去寻找所谓的价值公司。如果仅就从财务报表里淘金的水平作比较的话，华尔街的分析师，还有众多财务咨询公司的分析师，其专业水准不会比巴菲特更差。

巴菲特说过：“如果有 1000 只股票，对 999 只我都不知道，我只选那只我了解的。”其实，巴菲特的选择前提很简单：不打电话来的公司不做。巴菲特从来就不是那个以价值投资理念为罗盘的旷野寻宝人，更像老电影里常出现的当铺老板，眼睛从眼镜的横梁上瞄下来，打量着等米下锅的可怜人——貌似你情我愿的平等交易，从一开始，其主动权就牢牢掌握在巴菲特手中。

通过“巴菲特公主热线”，巴菲特拒绝的生意远远多过接受的，巴菲特的选择太多，自然他总能获得最优惠的折价和最佳投资收益。多付出一点，例如需要做人工呼吸才能起死回生的癞蛤蟆，是无论如何也唤不回“公主”的铁石心肠的。

在被不少中国投资者津津乐道的几大成功投资案例中，巴菲特由于其天使投资人的身份，雪中送炭的良好时机，以及投资对象的控股人相信他并无控制企业的野心，巴菲特都争取到了旱涝保收的交易价格。

比如，1987 年 9 月 Revlon 公司的罗纳德·佩雷尔曼要收购南非采矿联合公司 Minorco 拥有 14% 的所罗门兄弟公司股份。所罗门兄弟公司期盼巴菲特来充当“白马骑士”，购买公司股票，和所罗门公司一起抵制佩雷尔曼的恶意收购。

所罗门兄弟公司为了免于灭顶之灾，慷慨开出了很有诱惑性的条件——发行一笔 7 亿美元、股息为 9% 的优先股股票。这意味着巴菲特投入 7 亿美元之后，每年仅是免税的股息就有 6300 万美元。而且巴菲特在未来 9 年内还随时可以用 38 美元的价格购买所罗门的股票。消息传出，另一家公司美国保险集团（AIG）掩饰不住羡慕嫉妒恨的复杂心情，脱口而出的评价是“所罗门兄弟公司简直就是在巴结巴菲特”。虽然后来所罗门公司因触犯政策红线而遭处罚，巴菲特的优先股利益并没有兑现，但巴菲特股票的高智商特征可见一斑。巴菲特的股票有很多是年利率 9% 的高息可转换债券或可转换为普通股的优先股，无论是所罗门兄弟公司、高盛，还是通用电气，莫不如此。

这种投资方式说起来简单，但对普通投资者来说，是可望而不可即的。以中国的 A 股来说，即使一些公司的净资产已经为负值，但它仍有“壳”的价值。如果要求 9% 利率的可转换债券，根本不可能。

除了可转换特别股，巴菲特在 1991 年还通过私募的方式投资了 3 亿美元的美国运通俗称“Percs”的股票，这种证券基本上算是一种普通股，只不过在投资的前三年可以领取一笔特别的股利，条件是在同时间内因为股价上涨所带来的资本利得将受到限制。巴菲特不无得意地说：即便如此，这笔投资还是因为他本人的英明决策而获利不菲。

在巴菲特写给股东的信中，充斥着这类特权投资股票的记录。投资者只有买巴菲特的餐券（伯克希尔·哈撒韦公司股票）才有资格分一杯羹。

我们看一下 2009 年伯克希尔·哈撒韦公司第二季度持仓变化的报告。巴菲特增持了医药科技公司 Becton Dickinson（BD 公司），根据 SEC 的统计，伯克希尔·哈撒韦购入了 120 万股 Becton Dickinson 股票。据悉，Becton Dickinson 是一只“贵族”级别的高分红股票，其分红已经有连续 36 年得到提高。伯克希尔增持 440 万股医疗保健巨头强生公司（JNJ），这已经是巴菲特连续第二次增持该股。和 BD 公司类似，强生也是一只“贵族”级别的高分红股票，股东得到的分红更是连续 47 年增加。

巴菲特的这些投资动向更让我们确信他就是一个股息投资者，大多数能够在很长一段时期提高分红的公司都是业务范围广、在市场上有竞争力的企业，由于这两点优势而获得的收益是稳定提高分红的基础。伯克希尔·哈撒韦公司可以几十年不分红，若以巴菲特的投资标准，他是不会买自家股票的。

另外，在此前的几个月里，伯克希尔公司用非常好的价位配置了优先股，购入优先股的发行公司包括高盛（GS），通用电气（GE），Tiffany's（TIF），Harley Davidson（HOG）和 Dow Chemical（DOW）。这其中一些公司不仅有两位数的年固定收益率，而且还派发权证——如果股市在未来数年间复苏，同样也能带来固定的资本收益。

这样的股票你在中国能找到吗？趁着“癞蛤蟆”气息奄奄的时候，慢条斯理地谈好条件，再送上傲慢的“轻轻的一个吻”，是“巴菲特公主”最擅长的绝活。

2008 年 9 月，也就是全球经济最黑暗的时候，巴菲特旗下的伯克希尔·哈撒韦公司宣布，以 50 亿美元现金购入高盛的优先股。股神开出的条件是：年息 10%；高盛有权在任何时间回购上述优先股，但须支付 10% 的溢价。此外，巴菲特还获得了认股权证。伯克希尔·哈撒韦公司有权以 115 美元 / 股的价格再收购高盛 50 亿美元的普通股，行权期限为 5 年。此后的两个月，高盛股价一路下跌，最低到过 55 美元。巴菲特的认股权变的一文不值，而且，世人还误传，巴菲特亏损了许多。其实，认股权只是价值变为 0，并没有亏损。当时，市场很多人对此冷嘲热讽地说，投资高盛令股神一世英名毁于一旦。但 2010 年 11 月 14 日，高盛偿还巴菲特 50 亿美元，短短两年间，这笔投资给股神带来了 37 亿美元的丰厚收益，回报率高达 74％。

巴菲特投资美国银行的股票特权收益的故事在投资江湖上广为传颂，我们在前文已经提到了，现在再详细地描述一下。

2011 年 8 月 26 日，美国东部时间 8 月 25 日，美国银行发表声明称，已与巴菲特旗下伯克希尔·哈撒韦公司达成一项协议，将通过私募发行的方式以每股 10 万美元的清算价值，向后者出售 5 万股累积永续优先股。这些优先股的年度股息为 6%，以按季度平均付款的方式进行支付，美国银行可在任何时间以 5% 的溢价赎回这些优先股。根据协议，巴菲特还将以每股 7.14 美元

购入 7 亿股美银普通股的认股权证。这些认股权证可在这项交易完成之日起 10 年时间里的任何时候整体或部分行使。美国银行从这些优先股和认股权证中所获得的总购买价为 50 亿美元现金。如此优厚的条件，巴菲特如何不大赚特赚？

## 巴菲特买的股票财商更高

入市有标准，进退有策略。巴菲特的股票更聪明，有着高度的“主观能动性”，这是因为他有一整套的自我控制机制。

以风险控制为例，巴菲特的股票为了高收益而参与众多的金融衍生品交易，“撑竿跳”既能放大收益，同时也蕴含着巨大的风险。但是，由于市场生态的高度完善，即便是高风险交易也同样有相应的对冲工具。例如，融券做多股票，同时做空股指期货，就是最简单的一种对冲方式。

巴菲特对冲“撑竿跳”的另一惯常手法是固定收入投资——这对中国的中小投资者来说更像是天方夜谭了。在中国投资市场，除了储蓄和债券，哪还有什么投资收益是固定的？

作为“美国经济细胞切片型公司”，伯克希尔·哈撒韦公司的整体表现即便超越美国的整体宏观经济的表现，也不可能走得太远。金融危机同样对巴菲特造成了强烈冲击。根据美国证券交易委员会（SEC）披露的资料显示，巴菲特的伯克希尔·哈撒韦公司总资产从 2008 年 9 月末的 698.9 亿美元跌至 2009 年 3 月的 518.7 亿美元，缩水 26%。

资料同时显示，受金融危机冲击，伯克希尔公司投资的账面亏损大部分来自对金融股的投资。公司持有的美国银行股份在2008年12月底市值为7040万美元，较三个月前的1.75亿美元下滑60%。此外，美国富国银行等金融类股份价值也有大幅下滑。但是，巴菲特有能力进行调整。通过为并购提供融资、收购公司债券及优先股权的方式来投资美国企业，通过伯克希尔公司共向通用电气及高盛投资了80亿美元，以收购这两家公司的优先股权。此外，为应对经济衰退的不利局势，巴菲特正在调整其投资结构，将投资重心向固定收益类资产转移。例如，巴菲特频频买入一些年收益率高达10%~15%的公司债券，如买入26亿美元的瑞士再保险公司债券（年收益率10%），买入2.5亿美元的奢侈品珠宝商蒂芙尼债券（年收益率10%），买入3亿美元的摩托制造商哈雷戴维森债券（年收益率15%），买入1.5亿美元的希悦尔公司债券（年收益率12%），等等。

如果加上高盛和通用电气，巴菲特在半年内投资于固定收益类产品的总金额已达116亿美元，投资权重远远高于股权类的投资产品。

巴菲特在2011年写给股东的信中说："去年我们讨论了持续获得大额收益的五笔固定收入投资，其中瑞士再保险公司将在2011年初回购我们持有的股份，高盛集团和通用电气公司可能在年底前回购我们持有的优先股。通用电气在10月份表示同意回购，高盛集团也同意提前30天回购，但是遭到了美联储的反对，但美联储可能在不久后批准高盛公司的回购计划。"

瞧瞧，"交易你的计划，计划你的交易"，巴菲特早已将交易计划好了。相比之下，普通投资者买了股票除了将K线变成自己的心电图，与股市同呼吸共命运之外，除了公司想让你了解的之外，你无法了解任何其他情况。

巴菲特的股票善于基因重组，自我更新。巴菲特在十几个

人的办公室里管理着八十多家公司。他声称对公司的管理层没有任何干预，但他真的不管吗？巴菲特在与人们开玩笑呢。他习惯将轻松简单的挣钱过程展现给世人，并从中收获被众人仰视的快乐。实际上，常识告诉我们，任何赚大钱的人都有艰苦卓绝的一面，只是你没有看见而已。伯克希尔和通用再保险公司合并后，巴菲特就直接参与了公司几千份衍生工具合约的解除。

再看看巴菲特是如何改善自己所买公司的经营状况的。在巴菲特 2010 年写给股东的信中，巴菲特着重提及了一家同比进步最快的企业——NetJets 公司，该公司 2010 年的市场占有率是排名第二位公司的 5 倍。事实上，自从 1998 年收购该公司以来，NetJets 一直处于亏损状态，但大卫·索科尔（Dave Sokol）对其管理层进行了重组，并对公司的采购和支出作了合理规划，自那以后，NetJets 走上了腾飞之路。巴菲特最后写道："于公于私，我都希望 NetJets 公司能够一直保持顶级优秀的表现，我和家人已经乘坐该公司的飞机飞行了 5000 小时（相当于每 7 个月就要在天上待一天的时间），将来还要再飞上数千小时。我们从来没要求什么特殊待遇，与私人航空领域中最优秀的机师们共同翱翔于蓝天，就是对我们的最好礼遇。"看来，巴菲特对自己选对人才，扭转 NetJets 公司的业绩还是相当得意的，也正因为大卫·索科尔（Dave Sokol）的杰出表现，巴菲特青睐有加，甚至有意在退休时将权杖交给他。遗憾的是，大卫·索科尔自己不争气，涉嫌内幕交易，断送了自己的大好前程。

在 2013 年度写给股东的信中，巴菲特表白了他的股票高"财商"是怎样炼成的："查理和我希望通过以下方式增加每股的内在价值：（1）提升我们多家子公司的盈利能力；（2）通过补强收购进一步提高它们的利润；（3）参与我们所投资对象的成长；

（4）在可获取价格显著低于内在价值时回购伯克希尔的股票；（5）不定期进行大规模收购。我们还将通过一种很罕见但并非不可能的方式来为股东实现业绩最大化，那就是发行伯克希尔的股票。”

## 巴菲特买的股票情商更高

最让巴菲特信徒和拥趸们伤心的是，巴菲特公开宣称——我们的主要利润来源不是股票收益！既然巴菲特旗下的股票不是用来炒的，那么，这些股票无需翻炒，而是更自信，更勇敢，更能 HOLD 住，其“情商”更高就没有丝毫奇怪的了。

巴菲特在 2010 年度写给股东的信中说：“我们不炒股票，无须讨好华尔街。基于媒体或分析师评论进行交易的投资者不是我们喜欢的类型。”——股民朋友，听明白了没有？嘿嘿，真是一半是火焰一半是海水！信徒和拥趸们实践巴菲特价值投资理念的唯一参照物与素材只能来自媒体和分析师的评论。我们崇拜巴菲特，巴菲特却看不上我们！我们中了巴菲特的毒，又被巴菲特所唾弃！

巴菲特强调说，在价值投资中间，你买的不再是一个股份，而是生意的一部分，你买的公司的意义，不是为了在下个星期、下个月或者下一年卖掉它们，而是你要成为它们的拥有者，利用这个好的商业模式将来帮你挣钱。淡定吧！人们常说，王八吃秤砣铁了心，巴菲特持股份筹码之大，本身就是一秤砣，而且是能够舞动四大法宝施展四大魔法，真正做到四两拨千斤的秤砣。

巴菲特的股票即便暂时陷于不利局面，以巴菲特的盈利模式来看，这反而是降低成本的绝佳机会。巴菲特的股票先遣队能够保持从容淡定，是因为背后有强大的预备队——可能是自己的资金，也可能是“价值魔琴”召唤来的炮灰同盟军。

2010 年年初，巴菲特宣布斥资 340 亿美元，收购美国铁路公司北伯林顿铁路公司余下的 77% 的股份。为使交易顺利进行，1 月 21 日，巴菲特将 B 股进行 1 分 50 的拆股。这引发了机构投资者对伯克希尔股票的竞相追捧。拆股之后，伯克希尔的 A 股和 B 股分别上涨 17.9%，而标准普尔 500 指数下降了 2%。通常来说，当一只股票加入标准普尔指数时会上涨 4% 到 5%，但是伯克希尔的增长却几倍于此，可见人们乐于为“巴菲特溢价”买单。“琴”声传来的第二天，中国内地与香港股市的铁路相关股份周三全线走高，中国铁路货运（08089-HK）涨 9.41%，铁龙物流（600125-CN）升近 6%，大秦铁路（601006-CN）也升近 5%。经过衍射折射变形与耗散，巴菲特收购全美第二大铁路公司的“琴”声居然还能影响到中国 A 股市，其魅惑力之大，就可想而知了。

再说一下巴菲特的得意之作。巴菲特对吉列的投资，曾一日之内暴赚 5 亿多美元。2005 年 1 月 28 日，美国宝洁公司宣布购并吉列公司，吉列股价当天猛涨 13%。巴菲特从 1989 年开始入股吉列，以 6 亿美元买下近 9900 万股吉列股票，并且协助吉列成功地抵挡住投机者的恶意收购攻势。在随后的 16 年中，巴菲特抱牢吉列，即使 20 世纪 90 年代末期吉列股价大跌引发其他大股东抛售股票时也不为所动。

如果你的股票不能像巴菲特的股票一样拥有主人翁的主权意识，并在必要时以大无畏的姿态捍卫主权完整，16 年漫漫长夜，16 载风霜雨雪，你有什么心理资源和精神原子弹来支撑你的持股信念？就是神仙也 HOLD 不住吧。你还当真相信巴菲特的“价值”

鬼话——每天早晨，想起有 25 亿地球人刮胡子，心中就充满了喜悦?

巴菲特所买股票的三高（智商高，财商高，情商高）充分体现在他在拯救所罗门兄弟公司这一经典案例上。

1991 年 8 月 19 日，因违规投标国债事件，美国政府将所罗门兄弟公司从一级券商名单中删除。这意味着所罗门兄弟将无权再出售债券，换句话说，该行将丧失所有的流动性，所罗门兄弟公司被宣判死刑，即将执行了!

对中国 A 股市场的普通投资者来说，类似的毫无征兆的“黑天鹅事件”见多不怪,有几个幸运儿没吃过“黑天鹅”的天鹅肉?连吃几个跌停，除了干瞪眼，你还能干什么呢？巴菲特不一样，他买的不只是股份，而是企业，他享受的不只是股息，还有强大的话语权和管理权!

灰头土脸的所罗门兄弟 CEO 亲自上门，要求巴菲特这位大股东接替他的位置。此时此刻，只有道德羽毛纯洁无瑕的巴菲特有可能“挽狂澜于既倒”。巴菲特紧急求见财政部长布雷迪、美联储主席格林斯潘等大批高官，晓之以理，动之以情，但毫无效果。最后，巴菲特撂下狠话，如果监管机关不法外开恩，收回成命，他就绝不接下代理董事长一职，7 亿美元的投资打了水漂也在所不惜。这才令美国政府在最后一刻改变处罚决定，让这个昔日的“华尔街之王”闯过鬼门关。

监管当局和财政部没有想到巴菲特如此强悍，“太大而不能倒闭”的所罗门一旦倒闭,将造成金融市场难以收拾的连锁反应，因此在最后一刻妥协了，在日本股市开盘前收回了部分命令，允许所罗门兄弟自己竞购国债。巴菲特见好就收，答应出任临时董事长——巴菲特可不会像一个小散户一样任凭自己的 7 亿美元投资自生自灭。

娃娃脸的巴菲特一上台就抡起了裁员的大砍刀，一下子辞退了 35 名公司高管，取消了所罗门兄弟公司内部奢侈的高管待遇。先稳住内部阵脚之后，再出面和美国财政部谈恢复所罗门地位的问题，在国会作证说所罗门会改正错误。为了挽回市场声誉，巴菲特还在《华尔街日报》上登了整版广告，做形象宣传——华尔街最伟大的公关先生可不是浪得虚名。

1992 年，担任了 9 个月公司总裁之后，巴菲特辞职了。所罗门兄弟公司股价比巴菲特就职之前足足大涨了 30%！ 1996 年，旅行者保险公司以 90 亿美元的价格买下了所罗门兄弟公司，巴菲特胜利大逃亡了。

“巴菲特的拿手好戏就是参加公司管理，辗转腾挪让公司起死回生，这才是巴菲特真正的过人之处、独门绝技！”王晓萌在《投资大围猎——你是猎手还是猎物？》中说：“所罗门兄弟公司总裁并不是股票多就能当的，金融机构也不是有管理能力就能救活的，既富且贵的家世背景、丰富人脉是巴菲特不宣的秘密。巴菲特在投资生涯中多次直接管理公司，让公司化险为夷。”“只讲巴菲特投资技巧有多好、投资理念多么合理，那是纸上谈兵。巴菲特能在关键时刻入主公司、左右逢源而使公司柳暗花明、转危为安的救命绝招，是别人学不了的。如果没有这招，巴菲特的业绩早已面目全非。”

## 如果巴菲特带 1 亿火星币降临 A 股

2010 年 9 月 28 日，在深圳市龙岗区坪山镇比亚迪股份有限公司总部举行的“成就梦想对话交流暨2009年度总裁奖颁奖典礼”上，巴菲特一行与中国企业家和投资者展开了一场被媒体一如既往地称作非常精彩的对话。

有投资者问巴菲特：“您是通过证券投资成为世界首富的，中国年轻人都在向您学习，但在您取得成功的20世纪里，美国经历了一个几十年的大牛市。您认为中国现在具备这样的投资环境和背景吗？”

巴菲特说，自己在1949年19岁的时候阅读了《聪明的投资者》这本书，从中得知导致股价波动的因素很多，最重要的并不是每天、每个月、每个季度的股价波动，而是这只股票背后所代表的公司。这个原理在中国和美国是一样的，即使自己生长在中国，也可以取得成功。

很显然，巴菲特希望将价值投资推崇为普世原则，放之四海而皆准。果真如此嘛？事实证明，巴菲特并不了解中国的市场和市场环境，也不了解中国的文化土壤和制度特色。

2010年巴菲特在接受《华尔街日报》采访时表示，要来中国“劝捐”，并希望将“捐赠誓言”(Giving Pledge)推广到全世界。一时间，争议纷起。河北大午集团创始人孙大午就说，巴菲特的愿望是好的，可惜他不了解现在的中国国情：现在所谓的富人，甚至那些登上财富榜的企业家，也不一定是真正的富人。

“巴菲特自己是富人，但他与国内的富人不是一个群体，他所处的环境也没有可比性。美国企业家的财富大多是阳光化的，美国有一个庞大的阳光化的富人阶层；国内的许多企业家大多存在原罪，甚至是现罪。这些企业家所拥有的财产，是官道来的，或者是黑道来的，他们流血流汗，好不容易挣来这些资产，要他们捐出去是非常困难的。”

“财富来源不同，是导致人们精神层次不同的根本原因。巴

菲特也好，比尔·盖茨也好，他们的捐款行为不是因为政治上的强迫，他们没有怨言，因为社会给予了他们公平的待遇。也就是说，巴菲特和比尔·盖茨首先是社会的受惠者，之后才是社会的捐助者。可我们的企业家享受到公平待遇了吗？在劳动力、土地、金融方面，我们充分市场化了吗？我们的企业家得到公平的机会了吗？既然连应该得到的都没有得到，怎么要求企业家去无私地付出捐款呢？"

巴菲特与比尔·盖茨来中国，除了与中国富豪交流，宣扬慈善理念外，并无切实"劝捐"成果，可谓空手而归。可见，对中国相关慈善事业的社会土壤与法律机制的极端不完善，巴菲特并不了解。那么，对中国的投资环境，巴菲特的了解又能深刻到哪里去呢？

在 2009 年伯克希尔·哈撒韦公司的年度股东大会上，巴菲特说，如果自己从火星降落到美国，带着 1 亿元火星货币，那么他不会把所有钱全部兑换成美元，因为美国政府将沿用现有政策，从而使美元继续走软。如果巴菲特带着 1 亿元火星货币从火星降落到中国 A 股，他会买什么股票呢？

问题是，他首先要不可避免地面对很多困惑。

第一，是否会播种价值收获泡沫，播种龙种收获跳蚤？

"2012 年，伯克希尔的总收益为 241 亿美元。A、B 类股票每股账面价值增长了 14.4％。在过去的 48 年，账面价值从 19 美元增长到 114214 美元，年复合增长率为 19.7％。"一如既往，在 2013 年给股东的信中，巴菲特开门见山，汇报了上一年的投资业绩，同时，也没有忘记和美国宏观经济趋势做对比。

巴菲特表示，这个表现并不尽如人意，在过去 48 年中，这是伯克希尔的账面价值上升幅度第九次跑输标普的上涨幅度（包含股息和价格上涨）。值得一提的是，在这 9 年的八个年头里，标普指数上涨幅度超过了 15%，只有 2004 年标普上涨 10.9%。

巴菲特的价值投资更擅长逆势投资，在宏观经济景气的时候，巴菲特的投资优势并不明显，而大盘行情不好的时候，巴菲特却更显神通。巴菲特并不总能跑赢大盘，也有阶段性掉队的时候，但最终他还是长跑冠军。

金融危机重创了世界经济，美国经济衰退之快、幅度之大、影响之巨是各界始料不及的。消费不足，投资乏力，财政危机不断，然而，经济却缓慢而艰难地复苏了，为股市提供了攀升的动力。2013 年 3 月初，道·琼斯指数接近历史最高点位，相差 2007 年 10 月 9 日创下的 14164.53 点，已经不足 50 点。而十几天前的 2 月 19 日，伯克希尔股价的收盘突破 15 万美元大关，创下 15.25 万美元的历史新高，成为当之无愧的全球最贵股票。

我们在为冠军喝彩的时候，千万不要忘了伯克希尔·哈撒韦公司的成长是以美国经济的洪波涌起为大背景的。人们赞美雄鹰，别忘了雄风浩荡。人们赞叹股神步履如飞，却往往忽略了他脚下的自动扶梯！

相比之下，处于转型期的中国经济的预期并不明朗。出口主导的制造业不仅受到国内产能过剩的影响，还遭受国外反倾销诉讼的夹击。内需消费的提振同样困难重重。房地产畸形发展，引发政策持续调控，食品行业屡现惊人案例，饱受有毒食品丑闻的打击，烟酒名表奢侈品甚至还受到政府反腐败的重大影响。没有人知道经济转型的路径，也没有人知道经济转型会有多长。2013 年初以来，高盛等机构频频唱多中国经济，但行动上选择在高位抛售了中国金融机构的股票，以免除未来利率市场化、坏账增加等不确定性。巴菲特是高盛的股东，高盛的行为多少也反映了巴菲特的意志。美国股市与经济的整体增长，是巴菲特能够获得高

收益回报的基本前提。如果没有这个前提，巴菲特的“四大法宝”武功全废，所谓价值投资理论不过是屠龙之术。

第二，A 股的股价为什么高得离谱?

1878—2009 年，美国标普 500 指数的长期平均市盈率只有 16.34 倍。同时，美国股市一直有较高的股息率。同期美国标普 500 指数的长期平均股息率高达 4.38%。巴菲特早已适应了低市盈率高股息率的美国股市的市场特点。在格雷厄姆公司打工期间，巴菲特曾发现一只叫西部保险的股票，每股收益 29 美元，股价只有 3 美元。这样的股票在 A 股市场打着灯笼你能找到吗? 哪怕上证指数跌到 500 点，巴菲特打着灯笼跑断腿也找不到。

第三，影响股市的极端“天气”怎么那么多?

中国股票是典型的政策市，大型公司的盈亏、行业板块的沉浮，在很多时候取决于政策。2010 年 4 月 17 日（周六）国务院出台措施，房价过高地区可暂停发放第三套住房贷款，导致周一沪指跌 4.79% 失守 3000 点，其中，地产板块跌 8% 居跌幅榜首位，25 只个股跌停。2013 年 3 月 4 日，针对房地产的新国五条再挫股市，沪指暴跌 3.65%，房地产、水泥板块重挫近 8%，历史悲剧重演!

第四，中国股市为什么有那么多黑天鹅?

2011 年，美国多家做空机构猎杀了 46 家在美国上市的中国公司，令其被迫退市或停牌。无论是在次贷危机中做空大赚其钱的保尔森，还是基金之神安东尼·波顿，在涉及中国上市公司时都折戟沉沙，其原因就是上市公司的财务黑洞，这还是在美、加、中国香港地区上市的中国公司。一旦 A 股也全面开启做空机制，也允许香橼或是浑水一类的做空机制的存在，投资者将为信用黑洞付出怎样的代价?

如果巴菲特在A股市场实践他的导师格雷厄姆的三个投资秘诀，结果可想而知。第一“不看股票，看公司”——皮包公司、骗子公司太多，巴菲特眼神不好根本就看不清楚；第二“不看价格，看价值”——年报造假几乎成为行业惯例，市盈率动辄上百倍，只怕巴菲特也没有那个胆量；第三“不做投机，做投资”——只怕是投机失败成了投资，投资失败就成了投机。试问巴菲特先生，在中国市场，能看清公司背后的长期投资价值吗？巴菲特不是擅长看年报吗，那么他就陷入了地雷阵、竹签阵，躲得了“银广夏”，躲不了“紫鑫药业”，迟早会遍体鳞伤，丢胳膊丢腿。

巴菲特在A股市场转了一圈又一圈，没有什么股票能入他的法眼，如果要求他一定要将1亿火星币花掉，他硬着头皮，最后投资的可能还是银行股。无论是从持仓结构还是从价值理念来看，银行股都应该是巴菲特的首选。

2011年11月14日，巴菲特接受CNBC电视台专访，巴菲特表示，无论风云如何变幻，我还会买优质银行股。巴菲特说：“是的。第三季度、第二季度、第一季度，我都在不断买入富国银行的股票。”最近4年，巴菲特增持富国银行24亿美元，买入美国银行50亿美元优先股。



巴菲特1990年投资的富国银行是一家规模很大的银行，当时资产规模高达560亿美元。2011年巴菲特投资组合中四大银行资产规模在美国的排名是：美国银行第1，富国银行第4，合众银行第10，美国运通第19，都是规模很大的银行。巴菲特只投资大银行，是因为银行业规模优势很重要，而且规模越大的银行股越难被收购，股价往往更加便宜。巴菲特说：“我们买进资产规模560亿美元的富国银行的股票，占其股权比例为10%，大致相当于100%整体收购一家具有相同的财务指标，而资产规模

只有 50 亿美元的小银行。我们买入富国银行 10% 的股价花费 2.9 亿美元，但是如果整体收购这样一家小银行，我们就必须支付两倍的价格。”

巴菲特 1990 年买入富国银行时市盈率不到 5 倍：“1990 年我们能够大规模买入富国银行，得益于当时一片混乱的银行股市场行情。这种混乱的市场行情是理所应当的：一个月接着一个月，一些过去一直很受尊敬的银行家被公开曝光做出愚蠢的贷款决策。随着巨大贷款损失被揭露出来，投资者情理之中自然会这样推论：没有一家银行披露的财务数据值得信赖。在投资者纷纷抛售逃离银行股的风潮中，我们才得以投资 2.9 亿美元买入富国银行 10% 的股份，买入的股价低于税后利润的 5 倍，低于税前利润的 3 倍。”

巴菲特研究专家刘建位认为，巴菲特选择银行股有四个标准：业绩一流、管理一流、规模较大、股价便宜。依照这四项标准来衡量 A 股市场的银行股，恐怕只有“规模较大”这一条可以方便地找到匹配者。“业绩一流”不假，但业绩更多地来自于垄断地位。A 股银行板块的市盈率相对较低，但远没有低到当年富国银行的程度；银行利润主要来自存贷息差，传统落后的盈利模式又如何能谈得上“管理一流”？

巴菲特在 2013 年度给股东的信中，表达了伯克希尔的内在价值增长速度能够小幅跑赢标普指数的坚定信心。“我们的自信是因为我们有着一些强大的企业，一个强大的管理团队以及以投资者利益为导向的企业文化。”这样的条件，中国 A 股市场有吗？

2011 年 12 月 14 日沪深两市再度单边下跌，股指再刷新调整以来的新低。北京师范大学金融研究中心主任钟伟表示，中国证券市场十年来虽然回到起点，但完美地完成了四大任务。这四大任务为：为国企和上市公司从民间捞到了财富；PE、VC 和民企老板们一夜暴富；养肥了证券中介机构；国有股法人股全流通。颇有娱乐精神的钟伟最后抖出了“包袱”：中国股市唯一没完成的任务则是给投资者带来回报。他呼吁巴菲特来中国投资，称十年后一定可以让伯克希尔·哈撒韦公司破产。

## 为什么你学不了巴菲特

和中国不一样，美国人似乎从来不担心别有用心的人去搞垮他的金融市场，无论天使还是魔鬼，它都永远是开放的。如果忽略可能存在的网络、法律等方面的风险，中国人也可以在网上申请，开一个美国账户炒美国股票，操作起来并不比你去街头的证券营业部更麻烦。

追随巴菲特最直接的做法就是买伯克希尔·哈撒韦的股票，如今这只股票已经是天价了，但是，伯克希尔·哈撒韦的“普通B 股”很便宜，已经是任何收入群体都可以买的了。当然，还有一种方式，就是跟着巴菲特买。美国证券交易委员会允许伯克希尔·哈撒韦公司不向公众公布所有投资信息，以避免其他投资人盲目模仿公司投资行为。但是，不仅是股东，就是一般读者也可以在报刊或是网络等公开媒介平台上知晓巴菲特的持仓概貌。

这样，股神的那个伟大的头脑也就成了你的头脑，你只需要坐享其成就可以了。结果会怎么样呢？“买得起”并不等于“买得对”。戴维·瑟楚克（David Serchuk）2010年3月2日在《福布斯》网站发表文章表示，巴菲特是过去半个世纪里最伟大的投资者，

也许堪称盖古绝今，但他的公司伯克希尔·哈撒韦的投资价值却远非翘楚。事实上，伯克希尔的股票价值被过高估计了——它应该是巴菲特也会避免购买的那一类型。

巴菲特在 1973 年投资《华盛顿邮报》，买入后不久便跌两成左右；1987 年买入所罗门兄弟公司优先股，买入两年后几乎因公司丑闻全部亏光；1988 年股灾后买入可口可乐，在买入之后不久就下滑了 30%；即便是为中国投资者津津乐道的中国石油 H 股，其初期的账面亏损也达 3 年之久。

如果你跟着巴菲特买了可口可乐，很可能一套十年。如果你买的是吉列，那么套的时间就更长。也正是上述几只被“套牢”的股票，在多年后带给了巴菲特令人艳羡的丰厚回报，成为其成功投资的经典案例。但是，因为你不是巴菲特，最后还是亏。巴菲特最擅长声东击西，指南打北的太极迷踪拳。他投资中石油 H 股赚了很多钱，“琴声”引领无数中小散户投资中石油 A 股，却被牢牢套死。可见，即便是买了巴菲特看中的股票，如果没有巴菲特的法宝，也同样无法获得巴菲特式的收益。

为什么说中国小散学巴菲特要比咬自己的耳朵还困难？因为巴菲特手上有着四件神奇法宝，而中国的普通投资者永远也不可能拥有。哪四件法宝？一是“杆”——高弹性碳素撑杆，二是“线”——“巴菲特公主”热线，三是“机”——合法印钞机，四是“琴”——牛头里拉琴。

这四件宝贝不像孙悟空藏在耳朵里的金箍棒，巴菲特没有藏着掖着——都是合法的，或者说法律不禁止的，只要用心去看，都能看得一清二楚。

**高弹性碳素撑杆**。因为有了这神奇撑杆，巴菲特有跳蚤一样的神奇表现。其杠杆效应主要体现在三个方面：

（1）资金杠杆。巴菲特对企业的整合一方面是改善经营状况，另外一方面绝对的控股式投资能让他控制企业的现金流，从而投入到更广的投机领域。当然，最大的杠杆是浮存金的使用，通过保险公司，巴菲特将低成本甚至是负成本浮存金的使用玩到了出神入化的境界。

（2）交易杠杆。一方面，巴菲特高调表示对衍生品所带来的风险很厌恶，另一方面，巴菲特出尔反尔，毫不手软地玩弄各类令人眼花缭乱的高杠杆交易品种，这些衍生交易品种所带来的潜在风险至今也没有有效释放，很可能成为未来伯克希尔·哈撒韦公司的定时炸弹。

（3）财务杠杆。伯克希尔·哈撒韦公司本质上是一家以保险为主业的多元化投资控股封闭式基金。股票投资只占其总资产很小的一部分，其股票投资的收益率虽然超过同期股市行情，但和同类投机机构相比并不占优势，更无法支撑起股神的一世英名。但是，巴菲特在财务报表上玩起了令人惊愕的视觉杠杆，有意无意地引导投资者误以为伯克希尔·哈撒韦公司股票的投资收益率就是巴菲特的股票投资收益率，这相当于麦当劳 CEO 将全部门店的收益，甚至长期大量持有的低收益债券，也算到了几家门店的头上，那么，这几家门店自然是日进斗金了。再打一个比方，三万大军进攻吴国，十面埋伏，一面出击，结果，出击部队以一当十，“三千越甲可吞吴”的神话便轻易再现——所有的杀敌功劳都算在了突击部队上了。

我们普通投资者有这样的杠杆吗？或许也有。我们有财务杠杆，就是透支自己的生活费和退休金，甚至是廉价抵押自己的尊严和信用，去透支亲戚朋友的血汗钱。从这个角度上看，我们中小散户的杠杆不是更低，而是更高——在股市这个赌场里，抵押了基本生存条件。交易杠杆我们中小投资者基本上是没有的，融资融券刚刚起步，覆盖的股票范围窄门槛高。财富杠杆中小投资

者虽然没有，但在股票账户上不难理解，将绿色的交易记录全部删除，就得到了一个红彤彤的媲美巴菲特的股市账单。

**烫手的“巴菲特公主”热线。**巴菲特公主热线的另一端挤满了无数热切的癞蛤蟆，不是总经理就是CEO，不是高盛就是美国银行，甚至是美国总统。他得到的信息，其中包含了一个个巨大的商机。

我们的中小散户也有热线，也是董事长或是总经理传递的消息，不同的是，其真切程度不比经过亿万年的长途跋涉被地球捕捉到的宇宙粒子更靠谱，其结果自然是像巴菲特嘲讽的那样，听董事长的亏一半，听总经理的亏光蛋。

**日夜加班的合法印钞机。**保险公司是伯克希尔·哈撒韦公司的主业，也是巴菲特财富王国的永动机。保险业像一台合法的印钞机，为巴菲特提供源源不断的低成本甚至负成本的存浮金。金融危机期间，巴菲特在《纽约时报》上发表文章称：“以前我除了美国政府债券以外什么都没有，但是现在我购买美国股票。”这个天然的热情的“唯美主义者”鼓励“购买美国股票（buy USA）”。CNBC电视台一个热门投资节目“疯钱”的主持人吉姆·克莱默(Jim Cramer)认为巴菲特并非“买入美国”，而是在“贷款美国”，误导大众——真是一语中的。只要你的资金和实力足够强大，你的角色就从投资者变成了最终贷款人，从趁火打劫者变成了雪中送炭者，从坏蛋变成了圣诞老人。

物理学家在讨论物理规律的时候，往往忽略了摩擦力和湍流。但是，对于一个F1赛车来说，这确实是关键中的关键。巴菲特以其拥有“最后一桶金羲尼”独特的资金优势可以把握大的浪潮而不在意摩擦力和湍流，而中小散户呢，则在摩擦力和湍流中殒身赛道或是葬身大海了。

也许你已经注意到了，“印钞机”与“高弹性碳素撑杆”的功能有一定的重叠。“印钞机”对巴菲特来说是如此重要，如果没有“印钞机”，巴菲特神话会立马坍塌，连巴菲特的信徒和拥趸们也会像负心汉一样，与市场一道，毫不怜惜地丢下巴菲特这个弃妇，无助地拿着折断了的“撑杆”无处话凄凉。

这样的印钞机，我们的中小投资者有吗？

**摄魂夺魄的价值魔琴**。那是在很久以前的1284年，一个貌似确凿的传说。德国哈默尔恩镇鼠多成患，居民束手无策。一天，镇上来了一位身穿五彩长袍的神秘吹笛人，他说如果能给他一笔酬金，他就可帮助镇上的人驱除老鼠。人们欣然答应。于是，他拿出笛子吹奏起来，老鼠受笛声魔力的吸引，纷纷从房屋里跑到街上，跟着他来到威悉河，结果老鼠全部溺死在河中。

魔笛几经演变，传到了巴菲特的手上时，已经成了一支只有两根琴弦的价值魔琴，一根琴弦叫“安全边际”，另一根琴弦叫“护城河”，无数巴菲特信徒们就在价值投资的美妙曲调中，憧憬着大牛股，放弃了“安全边际”，悉数掉到了“护城河”里。

正是这四件道具的组合运用，巴菲特练成了投资绝活，将他手里的股票玩成了花。小散户们除了一双享受魔琴的耳朵和一双随大溜的长腿，还有什么法宝吗？更让巴菲特的拥趸们丧气的是，巴菲特玩的股票，也和你的不一样！哪些不一样？含金量不一样——巴菲特的股票折扣更高，收益更稳定，风险更小；财商不一样——巴菲特的股票更聪明，能自我经营；情商不一样——巴菲特的股票更自信，更勇敢，更能潜伏，更淡定和坚韧。



巴菲特的神奇法宝与他一路高举的价值投资的旗帜没有半个美元的关系。我们承认巴菲特是一个奇迹，但不能肯定，是价值投资理论成就了巴菲特，还是巴菲特成就了价值投资理论，我们可以明确的是，价值投资理只是众多投资工具中的一种，其使用范围和有效性都是相对的，有条件的，不可能放之四海而皆准。

在《华尔街》、《华尔街·金钱永不眠》,《锅炉房》、《商海通谍》等等华尔街题材的电影中，我们能看到巴菲特的影子，闻到价值投资的气味吗？如果说价值投资这么好，这些人中龙凤，何必冒天下之大不韪，做那些命悬一线的投机冒险呢？以他们的智商水平和对金融市场的理解，应该比我们这些生活在另一种异质的社会经济与文化环境中的人更推崇巴菲特才是。唯一行得通的解释就是，他们也学不会！

我们知道，新药临床试验的基本原则是做双盲试验，对比两组或数组不同的统计数据。至今也没有权威证据表明，头戴耀眼光环的价值投资理论在众多投资理论中比其他理论更胜一筹。在金融英豪榜上，巴菲特仅属个案，而无数巴菲特的信徒和拥趸们则成了沉默的“一将功成”背后的“万骨枯”。

巴菲特投资方法的根基在于他个性化的商业能力，——我们叫做经验也好，能力也罢，在本质上是无法复制的。而这种能力你无论看多少遍巴菲特传纪和致股东的信，也不可能学得来。这就好比高考状元告诉你，考试很简单，关键在于上课认真听讲，课后认真做作业。除了核心能力，巴菲特的传奇更有赖于不可复制的外部环境与历史机遇。

价值投资的核心是研究和把握投资对象，对于一个普通投资者来说，看似简单实则非常困难。无数经验表明，即便是依据同样的价值投资原则来操作，巴菲特怎么买都是对的，而你怎么买其实都是错的。其实，最重要的是关注你自己，包括你的情绪，你的思维方式、你的交易体系。看不懂市场，没有关系，可以选择观望；不熟悉的市场或者超过自己认知能力的市场就意味着无法掌控，意味着风险——不做或者看戏！原因很简单：自己是可控的，而价值是难以捉摸的，市场是无法控制的，行情更是无法预测的。

价值投资理论只是巴菲特专属的倚天剑屠龙刀，给你你也耍不起来。所以说巴菲特你学不会，也没有必要去学，丢开价值束缚，轨迹创造奇迹，你的利润曲线就会像花一样开，像鹰一样飞。

幕间茶话

## 中国股民最适合去澳大利亚“炖”股票

“怎么样，在大堡礁潜水的感觉如何？”我问牛卫东。牛卫东在圣诞节的时候带着老婆孩子去了澳大利亚旅游。

牛卫东说：“现在出去玩就是方便。在中国香港的时候，我们就订好了布里斯班的酒店，订好了酒店去小岛上的车票，往返水上飞机票，旅馆住宿，甚至游艇仓位票，全都在网上搞定。”

“精确规划，无缝对接，一点儿误差也没有，一点儿意外也没有。以往旅行中的不确定性，阴错阳差的种种故事都没有了，一切都依照程序，像是坐在电影院看3D电影一样。”我说，这就是发达国家的信息时代，不过也似乎少了一些农业社会和工业社会中的种种旅途趣味。

“你说得对，发达国家的成熟与秩序体现在方方面面。环境清洁，居民有教养，一切爽心悦目，河清海晏。好风景好服务好心情好酒好肉好床铺，可除了一个‘好’，你啥也没得到，有时想想还真有些郁闷，还挺向往一个月时间坐邮轮横渡太平洋的时代，那多么枯燥乏味又多么浪漫惬意啊。对了，最乏味的就是澳大利亚的股市。”

“呵呵，职业病，还考察投资市场。澳大利亚股市肯定没有我们中国股市壮阔得沧海横流，险恶得旋涡无数吧？”我说。

牛卫东说：“当地的类似街道一样的社区组织散发传单，号召他们购买诸如必和必拓一类澳大利亚的几大矿业公司的股票，而这些大蓝筹股票年年分红，收益远超银行存款，有些在过去几十年股价翻了成百上千倍。瞧，这哪还叫炒股票？”

“澳大利亚股市对于频繁交易的人采取提高交易税等方法进行限制，对于超额的利润更是有惩罚性的红利税。”中国股市里尽是炒勺和“杯具”，澳大利亚的股市里尽是投资者的“炖锅”，不管世界经济如何风云动荡，如何周天寒彻，澳大利亚中小投资者的“红泥小火炉”都温暖而实惠。

我说：“但你如果去澳大利亚股市，一定会寂寞无聊，英雄无用武之地。”

牛卫东说：“一点都不错。中国的股民实际上生错了地方，尤其是中了巴菲特的毒的中小投资者，他们最适应的市场是澳大利亚的股市。”

“中国股民偏偏要在价值荒漠中播种希望，真是可悲。”

# 第四章　不知不觉中了毒

## 群氓与股市阿 Q

先说一个故事。

我上班的电视台附近有一家证券营业部，在那里，你会看到一张张或苍老空洞或兴奋疲惫的脸。营业厅外，除了卖证券类报刊的小贩，一到中午就有卖盒饭的小车。吃盒饭的股民过得挺简朴，但只要看一下行情就知道，他们每天的消费相当于顿顿燕窝鲍鱼！

每天做股评，在股民圈子里好歹是个小小的公众人物，所以我很少在营业部逗留，偶尔见着老王才聊上两句。老王是市委党校的退休老师，教政治课。我一直劝他空仓观望，他说："你在电视上不是这么说的呀。"我只能说："如果我在节目里这么说，我的饭碗还要不要了？"

2011 年底大盘下行，一批蓝筹股票跌破净值，看上去跌无可跌了，老王聊发少年狂，背着老婆抵押房子抄底，说是学巴菲特价值投资，越跌越买，最后，弹尽粮绝，越套越深。若不是老婆让儿子从美国寄了美元过来，还不知要酿成多大的悲剧呢。

那天下午，老王喊住我，问："看了姜文的电影《让子弹飞》没有？"我说："看了，好看！"老王两眼放光，说："你看中国的散户像不像鹅城的百姓一样，光着膀子，面目模糊，总是被欺负，被利用？"我说："嘿，王老师，你太厉害了！我怎么就没有看出来呢！"

群氓！群氓！什么是群氓？马基雅维里在《君主论》里说过，

群氓总是被外表和事物的结果所吸引，而这个世界里尽是群氓！本杰明·富兰克林在《穷理查德历书》里说，群氓就是一只怪兽，拥有足够的脑袋，却没有足够的智慧。

我看着雄辩的王老师，心中有了不祥的感觉。以后，只要老王逮着我，就要上一堂课，我有些招架不住，只能远远避开了。

后来，熊文革告诉我说，知道不知道，你们电视台附近那家营业部出了一个股神——股市神经病，天天在营业部上课，一堂课讲“群氓”，另一堂课就讲“巴菲特”。

王老师那“群氓！群氓！”的声音一直敲击着我的心房，成为我反思巴菲特的一个契机。当然，我想，每一个股民或是身边朋友都有类似的惨痛教训。

我的老朋友熊文革是位老股民。1993 年的时候，熊文革将自己的账单打印出来，满嘴巴菲特去游说民间游资。后来私募了亲戚的十万元，翻了六七倍，然而，次贷危机之后，大盘从珠穆朗玛峰滑落，熊文革追涨杀跌，最后却只剩下 3 万“残兵败将”。亲戚“挤兑”，熊文革只能将肉割在地板上，一周后，大盘反弹。

他一边舔舔伤口，一边看巴菲特的书，其间虽然也有过动摇，也曾钻研过技术，但最后还是回归到了巴菲特的价值怀抱。他说，大海航行靠舵手，小散炒股靠的是巴菲特价值投资主义。现在是机会主义大行其道，价值主义处于低潮期，一旦形势逆转，万木霜天红烂漫，不周山下红旗乱，他便可以以一当十，三千越甲可吞吴！

2011 年 8 月，A 股不少银行股的市盈率跌至十倍以下，一根大阳线之后，连续两根小阳线，一时间凤凰来仪，嘉禾蔚生，有姹紫嫣红的阳春景象。原本孩子明年考上了高中要住校，他却背着老婆将家庭预算中买车的钱换成了汽车企业的股票，构建一个

黄金组合，比亚迪、宝钢，还有工商银行。他说只要两个月时间，奥托就可变奥迪。

买比亚迪的理由地球人都知道，巴菲特看上的企业还能有错？股神入股比亚迪，比亚迪股价一飞冲天，在惨淡的全球股票市场中风景这边独好。这就是股神的力量。这不，他穿了 A 股上市公司大杨创世出产的西服，大杨创世（600233）的股价就能在短期内翻番。

至于 600019 宝钢，主要是依照巴菲特价值原理看其基本面。宝钢三低三高，市盈率、市净率、绝对价都很低了，分红高、权重高、高管及大股东增持价比他的买价高。还有就是工商银行，市盈率也只有八九倍了。

但是，结果呢？又一波愁云惨雾，瓜果飘零。“奔驰变奔奔了”，熊文革丧气地说。现在，老婆跟他大吵一架，搞得他头大，说是再这样下去就要家破人亡啦。好在这位朋友是本市重点中学的著名数学老师，在补习课市场上炙手可热，一个暑假就能挣两台奔奔，否则，真的就要家破人亡了。

中国股民对巴菲特的痴迷不是全然盲目的。你看，无论行情是牛气冲天还是低迷，无论经济繁荣还是萧条，从艾森豪威尔时代到克林顿时代，从传统的汽车时代到电脑信息时代，在战后美国，主要股票的年均收益率在 10% 左右，而巴菲特却达到了接近 20% 的水平。

在这之前，传统“美国梦”的含义是冒险奋斗、爱拼才会赢，是一分耕耘一分收获的致富故事；是发明创造开办企业，是爱迪生，是比尔·盖茨，是乔布斯，是聪明才智加上帝眷顾，而“巴菲特神话”诠释了资本时代“新美国梦”。“新美国梦”像神奇的种子，落在岩石上也能开花结果，落在中国，就成了“中国股民的梦”。

对于巴菲特式的“中国股民的梦”来说，出身并不重要，无论是北京上海的官宦之家，还是西部落后地区的贫寒子弟，拿起“炒勺”就站在了同一个起跑线上。文凭也并不是关键，北大清华，或是普通的二本三本，智商超过中等就有些浪费，只要运用一定的技巧，就可以在千变万化的资本市场上赢得惊人的个人财富。年龄更不是问题，看看巴菲特，就知道这是一个活到老炒到老、越炒越精到的行当。财富、地位、健康、年龄、性别、智商、宗族、肤色、地域、制度等等，这个社会有多少不公平，就有多少意欲铲除不公平的愿望，菩萨和上帝只能寄望于来世，而在巴菲特指引的财富之路上，这些统统都不成问题！或许，巴菲特本人并不想成为教主，但是，苦苦寻梦的中国股民不由分说地将他抬上了神坛。

“巴菲特现象”在中国有着社会背景和人文心理背景。社会转型，市场开放，一切向钱看，被腾空的心灵神龛需要一个偶像去上香去膜拜。他是市场英雄、慈善老人、道德模范、全球化形象代言人、财务自由之路的引路人，既是实力派，又是偶像派，自然一下子抓住了人们的心。

巴菲特也不同于那些整日盯着电脑，在极度亢奋与沮丧的交织中，在对金钱的无限贪婪中度过每一天的操盘手。他幽默宽容，自信、自省、谦逊等，也符合中国人传统的儒家思想规范，有较强的道德认同感和感染力。

“高僧说的都是平常话”，巴菲特的话取譬风趣，听起来却像是阅历丰富的街坊大爷谈天论地。他认为每一种股票，无论多么神秘，都存在某种有形有序的东西，这和华尔街充满了专业术语的风格迥然不同。复杂的证券市场经过巴菲特的解释，和菜市场并无二致，从传播学的角度看，这和张悟本的朴素的“茄子绿豆”理论一样，具备了大众传播的基本要素。

巴菲特式的投资理念，在野蛮生长的中国股市有着出奇有效的按摩与麻醉效果。套牢了？没关系，只要坚持持股，总有一天能赚大钱。不要抱怨市场，市场的风险是难以避免的。在当下，中国证券市场野蛮生长的初期，需要一种主流的意识形态来唱安抚人心的摇篮曲。巴菲特的价值投资理论能缓和人们对于市场缺陷的质疑，冲抵改革冲动，利益集团尤其需要这样的意识形态来稳定“赌场”大局，以维持这样的弱肉强食的生态局面。中国的财经作者和出版传媒业也看到了其中的巨大金矿，成为自觉自愿的合谋者。

浩瀚海洋里的磷虾，几百万尾在一起，像一团云一片雾。他们活着一是为了繁衍，二是为了被消化。而繁衍的目的也还是为了被消化掉。他们只是背景，只是环境，他们的价值存在于一个模糊的群氓名称——海洋浮游生物。

“群氓”是地球的风景。过去北美的印第安人，就利用野牛“跟着感觉走”的特性，点火对着野牛群挥舞呐喊，让惊慌的牛群朝他们预先留下的一条路——断崖——盲目往前冲。一只野牛跳下断崖，整群野牛也都跟着跳下断崖，活活摔死，成了印第安人的盘中餐。那些在股市和房市里“跟着大家的感觉”往前冲的人，是否也有“断崖”等着他们呢？

海洋浮游生物也好，北美的野牛群也罢，他们游进了中国股市，闯进了中国股市，投胎成了在中国股市追涨杀跌、载浮载沉的芸芸众生！

鲁迅笔下的阿Q假使有钱，便去押牌宝，一堆人蹲在地面上，阿Q即汗流满面地夹在这中间，声音他最响：“青龙四百！”

“咳——开——啦！”庄家揭开盒子盖，也是汗流满面地唱。“天门啦——角回啦！人和穿堂空在那里啦！阿Q的铜钱拿过来——！”

“穿堂一百——一百五十！”

阿Q的钱便在这样的歌吟之下，不知不觉地输入别个汗流满面的人的腰间。那些愿赌服输的股市“小散”们，和阿Q一样，也有自己的精神胜利大法——虽然亏了钱，但我坚守了价值理念，总有一天会得到补偿。

“小散”一族具备法国哲学家古斯塔夫·勒庞在《乌合之众》表述的群氓特征：“群体并不进行推理，他对观念或是全盘接受，或是完全拒绝；对他产生影响的暗示，会彻底征服他的理解力，并且使他倾向于立刻变成行动。我们还证明，对群体给予恰当的影响，他就会为自己所信奉的理想慷慨赴死。”

古斯塔夫·勒庞还揭示了群氓的另一个特征：“一旦心生厌恶，崇拜也几乎立刻会变成仇恨。”——很多受了伤的“小散”们会一夜之间彻底抛弃巴菲特，变成股市虚无主义者，成了纯粹的赌徒。这是中了巴菲特之毒的后遗症。

从领袖崇拜到股神崇拜，归根到底是中国人的传统思维模式在作祟。人们破除了一种思想的权威，却又树立起另一种权威的思想，挣脱了一道锁链，却又心甘情愿地钻进了另一个牢笼。时代在变化，但把思考的权利让渡给少数人的股市群氓作为一种社会生态景观，却是始终不变。

坚信巴菲特长期价值投资理念的人们，黄粱早就熟啦，松下下棋的老头们早就不见了，你砍柴的斧柄早就烂掉了，是到了梦醒时分了！

中国股民们需要对巴菲特进行再认识，对巴菲特的投资理念进行再启蒙！早一天看穿巴菲特的真相，你就早一天占据先机。

## “魔术之毒”

巴菲特出生于1930年8月，默多克出生于1931年3月。两人相差不到一岁。我用镊子将巴菲特和默多克捉对放到蜡盘上，发现不只是两人年龄相仿，都是财富世界奥林匹斯山上的巨人，同时，也因为两人都与报业结缘。默多克旗下有泰晤士报、华尔街日报，巴菲特拥有华盛顿邮报，还有家乡的奥马哈世界先驱报。为什么巴菲特成为“神”，而默多克没有？回答了这个问题，“小散”们所中的“魔术之毒”就不攻自破。

1953年，22岁的默多克子承父业开始进入媒体行业。现在他的新闻集团已经进入了70多个国家和地区，拥有800家企业，英语地区超过一半的民众都是他的读者和观众。

默多克的老爸是澳大利亚先驱与时代报业集团的董事长，同时又拥有《阿德莱德新闻报》和昆士兰报业公司（拥有《信使邮报》等报纸）。老爸对他的栽培很早，默多克还是小屁孩的时候，就带着他与澳大利亚总理吃饭，让他练胆量见世面。默多克懂事早，从近距离围观到进入核心，默多克恐怕是与权力最近的媒体商人。他从未远离过权力中心。在英国，从撒切尔夫人到卡梅伦，历任首相都是他的好友，其中关系最紧密的是托尼·布莱尔。在美国，他见过自杜鲁门之后的所有美国总统。

煊赫的出身背景、赢在起跑线上的先天优势、长袖善舞的政商资源，甚至搭上“全球化的信息革命”这班快车的历史背景，极大地淡化甚至淹没了默多克的传奇色彩，更剥夺了默多克成为在草根阶层眼中媒体经营之神的可能性。人比人气死人。默多克的成功条件如此完备，一切看似透明，高山也为他让路，成功自然是理所当然，水到渠成，有啥神奇的?

再举一个和巴菲特更近的例子，索罗斯。和“巴菲特学”一样，我以草根身份潜心钻研“索罗斯学”多年，最倾心的一个课题就是，为什么同样是1930年生人的世界级金融投资双子星，一个成了“神”，另一个呢，痴迷哲学，大把撒钱做慈善，依照游戏规则赚钱，却被当成投机恶棍。为什么？这可能是我另一本书的内容了。这里我简单给出我的心得：“神”的根本属性就是神秘性。信徒们对“神”的态度是信仰而非理性。索罗斯的生平太透明了，太不懂得“犹抱琵琶半遮面”的包装艺术了。他将自己的哲学成就落实在金融实践上，从理论到行为，清清楚楚，一目了然，七情六欲，喜怒哀乐，老说自己容易犯错，还说错误不可避免，虽然合情合理，但是——这是神说的话吗？水至清则无鱼啊。

简单地说，神话，就是小蝌蚪变成了大鳄鱼。注意，一定是“变”，是“基因突变”，是“化合反应”，而不是符合常识与逻辑的“生长”，其中无可言说、难以证明或者证伪的地方正是神话的源泉。

巴菲特强调自己幸而生在美国，生逢其时，恭迎其盛，但他的聪明之处在于，他有意无意地，运用视觉误区和心理暗示，虚拟出一个类似三代贫农一类的苦孩子出生，从小有奇高无比的财商，幸运地受到价值投资理论的“天启”，而这是人人皆可“中彩”的非血统因素。他把自己包装为某种规律的产物，而且，只要找到窍门，就可像流水线那样形成量产规模。瞧，天道酬勤，出身无所谓，“我的成功可以复制”，这就暗合了发财心切的草根阶层的“移情”需求。如果不能复制，你的神奇关我屁事？从这里我

们也能看到中国“小散”们的功利主义信仰，有好处就信，没有好处就不理你。

股神更像是一个股市魔术师或者催眠大师。美国魔术大师大卫·科波菲尔能将飞机变消失。谜底非常简单，在魔术师营造的神秘气场中，人们做在一个转动的圆盘之上，注意力被转移，心理受到暗示，圆盘转动，飞机转到他们背后。眼睛一睁，自然有一种旋乾转坤的戏剧性效果。

春晚刘谦的魔术很精彩，但是被好奇而“无良”的网友揭穿后，刘谦像骗子一样狼狈。如果没有摄像机精心选择的拍摄角度，没有现场“随机”挑选的观众的配合，没有灯光音乐的配合，没有帅哥刘谦的转移注意力和制造视觉盲区的障眼法，这个魔术神在何处?

股神的诞生其实也是这样一个心理游戏。只要我们用人间逻辑和常识去解释，就能发现，原来一个神的产生需要特定的前提条件和环境背景，只是此前被云山雾罩的障眼法所迷惑的我们没有发现而已。

“制造神话是人类的天性，”毛姆说，“对那些出类拔萃的人物，如果他们生活中有什么令人感到诧异或者迷惑不解的事件，人们就会如饥似渴地抓住不放，编造出种种神话，而且深信不疑，几乎狂热。这可以说是浪漫主义对平凡暗淡的生活的一种抗议。传奇中的小故事成为英雄通向不朽境界的最可靠的护照。”

神是用来信仰用来膜拜的，而非学习的，只有将巴菲特从股神还原为人，我们或许还能从他那儿学到一些东西。

# “简单之毒”

神的诞生无论是“基因突变”，还是“化合反应”，都非常复杂。然而，股神巴菲特却说：“我很简单。”于是，“小散”们便中了蛊。瞧，巴菲特和我们一样简单，居家生活或是投资赚钱，甚至比我们还单纯呢。

2010年中央电视台记者获准进入巴菲特的办公室，这是一个很普通很简单的办公室。没有电子屏幕，没有价格图标，只有1929年以来的报纸和一只古钟。记者说道，简单，这或许就是巴菲特成功的秘密！

巴菲特办公室的简朴风景让中国的“小散”们感到分外亲切，尤其是中老年“小散”们。他们对电脑所代表的新鲜事物有着本能的陌生感、距离感，甚至有赶不上时代的焦虑与无奈，却在巴菲特这里找到了知音。

当然，也可能巴菲特确实不会使用电脑。这本是一项技能缺陷，即便巴菲特的工作生活并不需要像操盘手一样依赖电脑，也并不值得炫耀。

巴菲特喜欢用简单的语言来分析复杂的事物。对于自己的工作——也就是大家所说的投资行为，他用几个字来形容：“分派资金。”当然，他还要用一句话来解释这几个字：“我的工作就是要与什么人一起，以什么样的价格，投资什么样的企业。”

巴菲特最广为传颂的投资教诲也是“简单”的教诲：

找到有价值的好企业，傻瓜都能经营的，然后大量持有，然

后永远持有——就这么简单！第一条，永远不要亏损；第二条，有疑问的时候参照第一条——就这么简单！

巴菲特作为投资界的大众情人，不会像索罗斯鹰一样扑食，也不会像索罗斯哲学家一样深刻思考，他知道普通投资者本身就是头脑简单的群氓，把他们弄得越简单越好。所以，他尽量回避做投资理念上的探讨。如果我们用索罗斯哲学头脑的百分之一来思考投资理念，就会发现价值投资理念千疮百孔。

价值投资理念的重要核心是内在价值，如何计算内在价值？从账面价值变化到未来现金流量折现法，几十年来，内在价值的计算始终没有统一的标准，也不可能有统一的标准，唯一确定的是，这一标准始终在变。价值投资之父格雷厄姆明确表示未来盈利的预测充满了不确定性，并对以此为基础的证券分析表示怀疑。因此不难理解，在格雷厄姆看来，基于对企业未来财务状况的预测是证券分析中的“问题”，而不是“答案”。可见，从价值投资的核心内容看，价值投资和趋势投资在本质上没有什么区别，都是看着倒车镜开车，依靠过去判断未来。

“真理越辩越明”，这是巴菲特讨厌的，他只想让“人民群众”知道他这个“伟大领袖”给出的简单结论就可以了。“投资其实非常简单，就是努力收购基本经济情况优秀、由诚实能干的人才管理的公司，然后用合理的价格买入。这就是我所做的。如果在自己的竞争优势圈中找不到标的，我不会扩大范围，而是耐心等候。别人抛时我买进，别人买进我不跟。简单地说，就是别人贪婪的时候我恐惧，别人恐惧的时候我贪婪。”

以上所有的“巴菲特论语”等同于这么一句话，买股票一定要买好股票，能赚钱的股票，不好的股票不要买！股神展示了他幽默睿智的语言天赋，满足了超越群伦的智力优势感，却将“小散”们当猴子耍！类似这样的废话还广为传颂，实在是匪夷所思！

“别人贪婪的时候我恐惧，别人恐惧的时候我贪婪”是“巴菲特论语”中最高明、最无懈可击，也最无厘头、最逻辑混乱的废话！

这个“别人”是谁？对“小散”们来说，“别人”自然是巴菲特。巴菲特贪婪了，“小散”们是跟着贪婪，还是恐惧呢？巴菲特恐惧了，“小散”们是跟着恐惧还是贪婪呢？在同样的市场环境下，“小散”们如果选择和巴菲特一致的行动，就违背了股神的教诲；如果遵照巴菲特的格言，则必然要采取和股神相反的行动！——可怜的“小散”们是猪八戒照镜子，里外不是人！

这句话的哲学意味之高，堪比“克里特岛人都说谎”这样著名的逻辑悖论。别人是谁？我是谁？在别人眼里，我是否也是别人？——真是一笔糊涂账。

巴菲特一方面喜欢用“市场先生”来说明多数市场参与者的非理性，一方面强调价值投资的“理性态度”——矛盾之处又出来了：你让大多数非理性的市场参与者去玩以理性为基础的游戏，这不是故意坑人吗？

无论是自我形象包装上“低调”式的高调，还是投资实务上不简单的“简单”，只要我们稍加留意，稍加对比，就能清晰地感受到贯穿了巴菲特一生的“巴菲特悖论”——前言不搭后语，自相矛盾，听起来都是圣哲箴言，仔细推敲，逻辑悖论之下空无一物。头脑简单的普通人很容易上当受骗，被绕得晕头转向之后还会赞叹巴菲特博大精深，真正的“简单”会是如此高深莫测吗？

2009 年 11 月，巴菲特和比尔·盖茨参加了在纽约哥伦比亚大学召开的公开集会。巴菲特一如既往地以古典浪漫时期吟游诗人的情怀说，如果你一定要等到看到知更鸟的时候，春天都结束了。对于积极型个人投资者，巴菲特建议，尽可能多看资料，你

就会发现便宜货，一旦发现就马上行动。对保守型投资者来说，应该买入指数基金。

事实证明，巴菲特出的是损招，对普通中小投资者来说，那时候入市，无论采取什么策略都是一场噩梦。巴菲特似乎忘记了，只有他这个股神可以通过四大法宝获得超级“三高”的投资品——当然，巴菲特不是忘记了自己的特异功能，而是永远也不说。

“尽可能多看资料，你就会发现便宜货。”巴菲特依旧提供了一个很简单的办法。而实际上，连巴菲特自己也无法从资料中得到有益的决策依据。

巴菲特对于那些真假难辨的信息可谓恨之入骨，因为曾经很受伤。他说，对投资者们伤害更大的那些貌似忠厚老实、内心狡诈的绅士和淑女们，他们手底下雇着整整一屋子技术精通的会计师和律师，他们绝不会用那些拙劣下三烂手段从你口袋里掏钱，而是娴熟地驾驭华尔街的规则，把你拉上驶往地狱的马车。他们有选择性地披露财务信息，并且这种做法如同癌症一般迅速扩散，越来越多美国大公司的 CEO 乐意当这样的马车夫。

在 2000 年年报中，巴菲特坦诚地告诉他的股东们，自己当初被公司的假象所迷惑，为收购通用再保险支付了过高的价格。不过，除此之外，巴菲特从未走眼，这是怎样一回事呢？用他自己的话来说，他能够嗅出骗子的气息。

其实，巴菲特不再上当，不是因为吃一堑长一智，而是因为他不再以“多读资料”来选择投资产品了。所谓灵明的嗅觉，不过是一个借口。他依靠的是“巴菲特公主”电话，依靠的是帝王级别的金权圈子。

我的判断也很“简单”。只有巴菲特秘而不宣的“四大法宝”能够从逻辑上解释巴菲特的奇迹，而一旦引入巴菲特广为宣传的简单投资理念，则就无法自圆其说。

巴菲特似乎生活方面也不太讲究。他不抽烟，也不喝酒，他的饮食习惯是这样的：要一瓶樱桃可乐开开胃，然后用牛排和汉堡包充饥，根本不在乎人们害怕的胆固醇，而身体又出奇的健康。

“我对物质方面的要求不太强烈，我喜欢过简单的生活。”——缺啥想啥，巴菲特不缺钱，自然他的追求和想钱想疯了的“小散”们不一样。问题是，巴菲特悄悄地进行了一次逻辑飞跃——我喜欢过简单的生活，所以我的投资策略也很简单——而这样的逻辑并不成立。由于简单生活在世人眼中很直观很生动，散发着人格魅力，转移了世人对“巴菲特悖论”的关注。另外，简单确实契合人性的特点。简单，天然地就对人具有诱惑性，人类有将复杂问题进行简单化的天然倾向。

看看我手头上的保健广告吧。“不吃药，不节食，不费力，摇动 5 分钟，想瘦哪儿就瘦哪儿。”“一条内裤，重振男人雄风！”“糖尿病、高血压、痛风，换双袜子就好。”“40 岁先急了，50 岁大妈抢了，60 岁大爷换了。浑身上下都是病，换条腰带全搞定！”这类广告就是睁眼说瞎话，但它还是有市场。

巴菲特的理论之所以大行其道，很大原因就是巴菲特将赌场简化成了菜市场。巴菲特说：“商学院更喜欢复杂的行为而不是简单的行为，而简单的行为更有效。”如果你“浑身上下都是病”，死马当活马医，买条腰带，无论是心理还是钱包所遭受的伤害都是有限的。但是，一旦中了巴菲特的简单之毒，代价可就难以估量了。

巴菲特总是将自己简单的一面昭示给“小散”们，而实际上，他的真实面目从来就秘不示人。事实证明，越是简单的道理越是缺少实际指导意义，巴菲特正是通过“简单”将自己不可言说的东西复杂化、神秘化。

巴菲特应该这样告诉“小散”们，如果你的钱足够多，你的生活也会和我一样变得很简单——至少你有足够的钱财向外界展示你的简单生活；如果你的生意依靠“公主热线”而不是投资报告，那么，你就能回避资料陷阱，非常简单地赚钱。

巴菲特没有告诉你，我已经复杂过了，不需要再复杂了——因为我有了“四大法宝”。投资其实真的很简单——就是接“公主热线”。当然，也不是那么简单，你可以不懂电脑，但你要会接电话啊。

所有忽略具体条件、环境因素和成功概率，宣扬“成功很简单，照着我的葫芦画你的瓢”都是可疑的。比如，香港商人萧某某塑造一个“狼爸”的形象，告诉你子女上北大的秘诀是棍棒，但他绝不会告诉你他子女上北大的原因是通过比内地高考难度低几个数量级的港澳台联考，真要在内地考，也就是上个普通大学而已。南方周末有评语：“狼爸”是装出来的，其实可狡猾了，是个“狐狸爸”。

巴菲特开诚布公把自己的致富秘诀公告天下，希望在股市这张牌桌上的人各个努力，人人赚钱。你信吗？

巴菲特作为一个成功的投资者，是“一将功成万骨枯”的传奇，是凤毛麟角的小概率幸运儿，这本身就说明投资不是一件简单的事。抹杀“运气”和诸多充分与必要条件，私下里吹吹牛未尝不可，但面对媒体，在公共舆论平台上，像传教士一样宣扬“简单的价值投资福音”，使“简单”二字成为价值投资理念的重要特征，这是明白着忽悠人啊。

有“中国的巴菲特”之称的段永平说过，简单投资是对巴菲特的误解，远远低估了伯克希尔·哈撒韦这家上市公司投资模型与技巧的复杂程度。作为一个聪明绝顶的人，巴菲特不可能不知道“简单”二字对大众的严重误导和由此产生的投资损失，乃至家破人亡的人间惨剧。如果巴菲特对信徒们稍有一些怜悯之心，也应该告诫人们“股市有风险，入市需谨慎”，或者，老老实实告诉大家，我有亿万信徒，却没有第二个巴菲特。巴菲特明明知道投资不简单，为什么还要一如既往地忽悠呢？无外乎两个目的：一、他很享受“简单福音”所带来的巨大民众崇拜，能充分满足自己打小就有的成功欲与表演欲；二、传播“简单福音”本身就是他战胜市场的宏观策略之一。试想一下，一个人在白宫有足够的影响力，在公众舆论界有足够的号召力，那么，他的投资还有什么可以担心的呢？如果自己想贪婪，就可以忽悠别人恐惧；相反，如果自己恐惧了，就让别人继续贪婪——只有股神可以这么说！

设想一下，如果索罗斯出来说，投资很简单，他的成功可以复制，恐怕相信的人不多。其实，两人都是不可复制的。和述而不作的巴菲特相比，索罗斯的投资理念更哲学化，更严谨，更透明，但为什么索罗斯的话就没有人听呢？很简单，索罗斯不刻意包装自己，明明花了无数的金钱做慈善事业，却没几个中国人知道，只知道他是“大鳄”。巴菲特是真正的传媒时代的忽悠大师，他太知道大脑简单的大众最爱的是什么了——就是不费脑细胞“简单”地发大财！而这也正是巴菲特一再嘲笑的市场非理性的参与者！

## “低智商之毒”

一位美国餐饮大佬写了一本烹饪书，宣扬只要能把水烧开就

能成为顶级厨师，前提自然是买他的这本烹饪秘籍。估计相信这鬼话的人不多——把人当傻瓜了吧？可见，“简单之毒”并不好下。但是，高超的巴菲特不但给“小散”们下了简单之毒，还下了“低智商之毒”——因为投资挺简单，所以需要的智商条件也不高。巴菲特说，在投资游戏场上，一个智商为 160 的人不一定能击败智商为 130 的人。这听起来多么温暖，多么励志。

聪明人总是乐于见到比自己更聪明的人。同为世界顶级富豪的比尔·盖茨常常在记者面前谈论巴菲特，说巴菲特是他最喜欢的公司总裁，还把巴菲特说成是自己见过的最聪明的人。盖茨曾说：“当他解释事情的时候，他绝不会说：‘嗨，我对此颇有研究，我将要给你留下深刻的印象。’他会这样说：‘这件事很有趣，实际上并不复杂，让我来给你解释一下，你会发现我有一点傻，我是琢磨了很久才弄清这个问题的。’”

这个智商 125 的股神总是爱拿自己的低智商来开玩笑，比如指着自己的鼻子说：“瞧，你们的董事长又犯了一个错误。”再比如说，“我研究饮料工业长达 50 年，最后发现该工业的两大竞争对手——可口可乐和百事可乐都干得不错”。

他曾斩钉截铁地说：“华尔街是唯一的一个人们乘着劳斯莱斯汽车向那些乘地铁的人讨教的地方。”这无异于中国某个特殊时期“高贵者最愚蠢，卑贱者最聪明”的反智口号。对于那些平时不读书看报、没有受过专业金融知识训练、一心只想着简简单单轻轻松松发大财的广大“小散”们而言，这听起来非常悦耳，非常享受。

巴菲特最温暖最励志的论断是，炒股无需太聪明，中等智商，小学数学水平就可以了。行行都要拜师学艺，未必要冬练三九，夏练三伏，起码的职业训练是需要的。没有金刚钻不揽瓷器活，越是挣钱的行当，越是需要高级的“金刚钻”，可在巴菲特嘴中唯独证券投资这一本万利的高智商行业不需要——戴着圣诞帽的巴菲特快乐地对“小散”们吆喝着，来吧，爬到我的驯鹿雪橇上来吧，跟我奔向财务自由之路。可是，这辆马车有可能奔向地狱！

引车卖浆之流嫌本小利薄的；杀猪养鱼觉得又脏又累的；下岗失业再就业没有门路的；想发大财却没有任何技能的；讨厌办公室政治不想再看老板脸色的；不想朝九晚五只想轻轻松松赚钱的；自以为心态好不贪婪，在别人贪婪的时候会自动恐惧的……无论年龄性别职业信仰教育水平，“小散”们在地狱马车的车把式巴菲特的憨厚热情的鼓励下，争先恐后爬上了巴菲特的驯鹿雪橇。“小散”们上了雪橇才发现这是一架疯狂的马车，车轱辘底下满是“小散”们的残肢断臂。

巴菲特是一个赢在起跑线上的早慧早熟儿。

巴菲特是含着金钥匙出生的富二代，因为刚出生时爸爸正在筹备自己的经纪公司，所以，家庭也算是经过了一段相对苦难的时期。儿时的巴菲特非常喜欢一种金属材质的换钱机，巴菲特到处帮人换钱，对换钱的过程着迷得不得了。巴菲特说自己六七岁时就已经对股票市场发生了兴趣，他刚开始卖的是可口可乐，巴菲特至今仍非常后悔自己为什么没能早点开始股票投资。8岁时，巴菲特开始阅读父亲书架上关于股票的书，10岁的巴菲特已经读完了当地图书馆所有有关投资的书籍。“小散”们可以想一想，自己读过几本相关的投资书？

巴菲特对记忆数字很擅长，他身边的人也都说，与数字在一起时，巴菲特就会变得很兴奋。巴菲特喜欢记数字，他能一口气说出美国各个城市的名字及其各自的人口数量。这种非凡的禀赋继承了他做股票经纪人的父亲。巴菲特的母亲对数字也很敏感。巴菲特开玩笑说，自己还在妈妈肚子里时就已经对数字有了本能

的反应。

巴菲特的学习成绩在哥伦比亚商学院是出类拔萃的，他于1951年6月在哥伦比亚商学院获得了他的经济学硕士学位。格雷厄姆的课得了个A+。格雷厄姆给巴菲特上课时，他就相信年轻的巴菲特会成为当时最伟大的金融学家。院长约翰·伯顿说：“他（巴菲特）在数学方面很有天赋，但是，他真正的天分是对经济价值方面的感知能力。”

哈佛大学商学院的毕业生比尔·鲁安选修了格雷厄姆的一门课，因此，他能在1951年和巴菲特成为同班同学。后来，鲁安成为鲁安·库尼夫投资管理公司的总裁，经营红杉基金，同时还担任《华盛顿邮报》公司的董事。鲁安开玩笑说，他自己和巴菲特没有什么区别，如果忽略亿万美元的财富和100点的智商的话。他说，在格雷厄姆那里，他和巴菲特之间有一种智力电流在流动，而班上其他同学则是一群全神贯注的听众。

“你可以看到电流交汇时飞溅的火花，”鲁安回忆说，“那时你就可以断定巴菲特绝非池中物，他是一位很不寻常的人物。”

巴菲特是一个每天吞吐和更新海量信息、不断学习、与时俱进的人。

阅读量是考量一个人是否简单、智商是否高低的重要标志。据说斯大林平均每天要阅览一千页图书，工作人员将新书直接从印刷厂送到他的办公室。毛泽东嗜书如命更是人所皆知。巴菲特的阅读量同样惊人。通过阅读，巴菲特始终保持着对宏观经济、政策导向和市场行情的高度敏感。

他的书报架上有《华尔街日报》、《价值线》、《穆迪氏指数》、《华盛顿邮报》、《奥马哈世界先驱报》等报，自然也少不了《财富》、《福布斯》、《商业周刊》、《经济学人》、《大西洋月刊》等传统主流杂志，行业刊物能找到的他也读。当然，他也重视企业的财务报告，他对上市公司详加介绍的人员数量、工厂或产品描述没有多大兴趣，更在意“有关扣除折旧摊销税负利息前的盈余”数据，折旧、摊销、税负和利息是公司的大笔资本支出，不扣除无法反映公司的经营成果。一些公司会混淆名目，故意掩盖一些事实。除却商业金融领域，他的涉猎面相当广泛。他视罗素为精神导师，购置了罗素的全套著作。他还偏爱经典经济学家凯恩斯的作品。

善于接受新生事物的旺盛学习能力和自我更新能力，保鲜了巴菲特机敏幽默、乐观豁达、不墨守成规的人格魅力和创业精神。“小散”们对于巴菲特投资高科技产品惊愕不已，更让巴菲特价值投资理念宣传队的同志们一时不知所措，手忙脚乱。巴菲特似乎放弃了自己的安全边际，放弃了“护城河”。他们哪里知道，对股神来说，为股东赚钱才是股神经营策略与经营范围的唯一边界。

“低智商之毒”的根源在于迎合了“小散”们投机取巧、不劳而获的心理。中了“低智商之毒”的“小散”们，在毫无依据的自信中放弃了专业知识的学习和个人素养的提升，这不是很傻很天真吗？

“穷人的孩子早当家。”从小做生意的人并不少，但是，没有人成为巴菲特；商学院的教授可谓是金融专家，鲜有成为投资大师的；“小散”们中间也有个别的全心全意学习巴菲特的，结果却离巴菲特越来越远。在巴菲特成长的每一个阶段，都有无数与巴菲特有着相似成功元素的人没有成功，巴Q们凭什么认为自己可以凭并不出色的资质获得非凡的成绩呢？

我们知道了巴菲特成功的真相是“四大法宝”，但至少在巴菲特创业的早期，善于学习、勇于创新、良好的个人素质、高超的金融专业水平，才是巴菲特挤进帝王级别的金权圈子、踏上成

功之路的必要条件——当然，远非充分条件。

隐藏起无比卓越的智力优越感，身段低到尘埃里又绽放出花来的自谦和自嘲，本身就是高智商的体现。这需要健全睿智的身心、强大的自信、稳定的价值观、纯熟的方法论、对环境的精准把握、对全局的客观判断。

巴菲特越显得朴实憨厚，巴菲特雪橇上的乘客就越多；跟随巴菲特拉琴起舞的“小散”们越多，巴菲特的“四大法宝”就越能发挥神奇威力。

## “复利之毒”

巴菲特很“简单”，“小散”们也很简单；巴菲特“低智商”，“小散”们智商也不高。这种远在天边又近在咫尺的人神共体的巴菲特给“小散”们带来了令人眩晕的亲切感、崇敬感和幸福感，带给了“小散”们与巴菲特一同飞升的幻觉。

但是，“小散”们毕竟不是只会投飞镖的长臂猿，除了直观感受，他们也有科学理性的需求；大神啊，你说的这些最好要有科学依据！好了，第四味毒药来了——复利之毒。跟随巴菲特赚钱，不仅听起来很“简单”，讲起来很弱智很“低智商”，“算”起来更好像是天经地义！

复利，确实是我们日常生活中习以为常、不细算不知道、一细算吓一跳的数学现象。复利奇迹在数学上像 1+1=2 一样不可辩驳。巴菲特更像是被复利（而非命运）垂青的人。

有一个广为流传的故事：巴菲特在地上看到一毛钱的硬币，

就弯下腰拾起这枚硬币，当时所有在场的人都惊讶不已。他慢悠悠地说道：“这是另一个 10 亿美元的开始。”

罗杰·罗文斯坦在《沃伦·巴菲特传》中也介绍了这么一个细节：巴菲特的妻子在家庭装修上花费了 15000 美元，巴菲特感觉这就像要了他的命一样。他抱怨道：“你不知道如果把这笔钱积累投资 20 年以后，将会是多大一笔财产啊。”然而，事实上巴菲特刚刚花了上千万美金更新了自己的私人飞机。是巴菲特太做作，还是传记作者的故事编得太假？

如果巴菲特总是瞪着“复眼”（复利眼光）在人间过日子，他的日子是非常纠结的。鸡生蛋，蛋生鸡，真不知道巴菲特在面对一枚煮鸡蛋的时候，是否也在想，一口吃下去，未来的养鸡场该会失去多少只鸡！

故事可以讲，讲过了头就有些适得其反了。

除了不靠谱的传说，也有一些比较靠谱的故事说明巴菲特对复利奇迹的痴迷与眷恋。

1963 年巴菲特曾经向合伙人谈及他对复利的偏爱，举了一个例子：哥伦布出海远航前，西班牙女王伊莎贝拉资助他的钱相当于 3 万美元，这 3 万美元按照年息 4% 的复利计算，到 1962 年就会高达 2 万亿美元。他向合伙人保证投资的钱将像复利那样不断翻滚——在没有找到有效可靠的“四大法宝”，尤其是“高弹性碳素撑杆”之前，复利是巴菲特游说客户、吸引投资的最有效的说辞。

乔布斯领导的苹果公司从来不分红。非但如此，乔布斯还鄙视那些分红的 IT 公司，认为那只能说明“公司已经丧失了想象力”。如果乔布斯顺应股东的呼吁，赚了钱就皆大欢喜的，很难想象苹果公司能达到市值超越微软与谷歌总和的奇迹。同样不分红——巴菲特是以看似更科学而非更蛮横的艺术家气质的“复

眼”来解释的——运用复利累进既可以获得高额的年复利累进报酬率，又可以不受个人所得税的限制。

举例说明，假设伯克希尔旗下公司某明星股的每股税后盈余是100美元，而且它要发放每股100美元的股利给股东，那些股东就必须支付100美元股利收入的个人所得税（31%的税率），那么他们的税后获利就变成69美元。但是，如果该公司选择保留那100美元，同时不将它视为股利发送，这些钱就可以留在公司内，继续以复利累进。

一旦掌握了“四大法宝”，尤其是“高弹性碳素撑杆”之后，巴菲特对于复利奇迹的吹捧就不那么狂热，似乎更客观了。

在1989年给股东的信中，巴菲特再次探讨了复利的故事。假设有一种细菌每15分钟可以分裂1次，即意味着每1小时复制4次，一天可复制96次，虽然单一细菌其重量只有一兆分之一克重，但是只要经过一天不停的无性生殖，其重量可能会比一座山还重，再经过两天后，其重量甚至会比太阳还重，要不了多久所有的宇宙都将由这种细菌所组成。不过，大家不必担心，上天一定会安排障碍来阻止其倍数成长，有可能它会耗尽食物，或是毒死自己，或是有可能羞于在大庭广众之下复制。

“即使是在最坏的情况下，查理·芒格（伯克希尔的副主席兼主要合伙人）与我都不认为伯克希尔会像细菌一样无止境地生长，当然更不可能像细菌那样找到每15分钟就能够复制一次的方法，虽然我们不会像细菌那般羞于在公开场合进行复制，不过相较于刚开始的2200万美元，以伯克希尔目前的49亿美元的净值基础，我们实在很难像过去那样每年以15%以上的成长率增加。”

“此外我们还面临另一项挑战，在有限的世界里，任何高成长的事物终将自我毁灭，若是成长的基础相对较小，则这项定律偶尔会被暂时打破，但是当基础膨胀到一定程度时，好戏就会结束，高成长终有一天会被自己所束缚。”——巴菲特强调了规模与增值效率难以两全其美的矛盾。

巴菲特对复利的反思非但没能消除复利神话，因其看似公允的修正态度而在“小散”们眼中更显科学合理了。巴菲特要表明这样的意思：我的规模大了，所以复利的神奇效应不像从前那么灵光了，而你们“小荷才露尖尖角”，是“早晨八九点钟的太阳”，所以，复利的奇迹寄托在你们身上。

而实际上，无论规模大小，复利的神奇效应都是美丽的传说，期待复利的神奇效应，绝大多数人最后得到的只能是浮云。

约翰·特雷恩的《股市大亨》(The New Money Masters)中有一个小故事:1986年，在纽约沃尔多夫大酒店曾举办过一个关于技术分析的研讨班。入场费是600美元，其中最有名气的一位讲师是诺曼·温斯基。邀请函这样介绍他：“1975年，他成为芝加哥期权交易所的会员和做市商，在1976—1977年的18个月的时间里，他成功地将500美元滚到了近10000美元。”这份邀请函忘了提一件事：1977年9月，远在这场著名的研讨班举办公前10年，温斯基破产了。

这个故事在我们的身边就有无数大大小小的版本：今天，你的股票涨停了，一天的收益就是10%，这是多么惊人的收益，超过一年活期储蓄的收益率数倍。即便有涨停板的限制，从理论上说，任何人都有可能在一天之内获得20%，两天之内获得30%的高额收益。

在我们身边的民间股神，有很多人一周的收益率是50%或60%，而在2007年的大牛市中，翻几番是很常有的事情。连续拉涨停的滋味，对很多人来说并不陌生。但是，这样的滋味往往难以持久，“超重”之后是“失重”，一趟过山车坐下来，谁都经不

起一个简单的追问，去年的收益如何？过去几年的平均年收益率有多少？

如果诺曼·温斯基没有破产，哪怕是每16个月仅仅将500美元膨化到800美元，且能一直保持着，那他就能完全战胜市场，彻底击败巴菲特了——巴菲特每年的收益率也只有22.2％。

我曾旁听过一个传销讲师的激情传道。在黑板上，他演算“下线”的几何级数增长的奇迹，那么严谨，那么确凿，你很难否定数学结论——即便你啥也不干，只等着下线的下线去发展他的下线，用不了多久，你就可能因“复利”而成为世界首富。

然后，生活中依靠复利来赚钱的人微乎其微。为什么复利看起来这样容易，但是我们身边这样的成功案例却如此稀缺呢？答案只有一个，就是长期获得稳定的复利并不容易。如果中间有一些下降，就会让这个复利大打折扣，让你“辛辛苦苦一辈子，一夜回到解放前”。

有过金融衍生品交易经验的人最能体会所谓的“复利陷阱”。很多期货公司或是期货经纪人在游说客户的时候会说，每天只赚1%，那么一周如何如何，如果你更稳健一些，一个月只赚百分之一，那么，你一年的收益也是很可观的。你看，武汉的一位女教授，4万元投资做铜，赚了1000多万元呢。浮盈作为交易成本再投入，杠杆加复利威力无限！当然，如果这个讲故事的人更负责任的话，他应该说出故事的结局：这个女投资者最后一个爆仓，被打回原形了。正是1%或者类似的“生动形象的”小数字，欺骗了我们的大脑和双眼，让我们大大低估了复利奇迹的难度。

50多年的投资过程中，巴菲特有9年业绩是低于10%的，且2000年以前的44年中，只有5年业绩低于10%。亏损是抹杀复利的元凶，低收益同样是复利路上的绊脚石。近10年内，2

次负收益和4次小于或接近10%的低收益，直接拉低了他的复合收益。如2001年收益为-6.20%、2002年为10.00%、2004年为10.5%、2005年为6.4%、2007年为11%、2008年为-9.60%等，这使得复利的大门基本关闭。

我们现在就给巴菲特投资可口可乐算算账，看看巴菲特的复利馅饼是否吃得如同他所描述的那样轻松惬意。

巴菲特1988年买入可口可乐股票5.93亿美元，1989年大幅增持近一倍，总投资增至10.24亿美元。1991年就升值到37.43亿美元，2年涨了2.66倍，连巴菲特也大感意外。他在伯克希尔1991年年报中高兴地说："三年前当我们大笔买入可口可乐股票的时候，伯克希尔公司的净资产大约是34亿美元，但是现在，光我们持有可口可乐的股票市值就超过这个数字。"

1997年底，巴菲特持有可口可乐股票市值上涨到133亿美元，10年赚了10倍，仅仅一只股票就为巴菲特赚取了100亿美元，这是巴菲特最传奇最成功的股票投资案例。遗憾的是，1998年7月14日，可口可乐创出70.27美元的历史新高后，开始一路下跌，到2000年3月14日跌到35.25美元，两年多下跌近一半。2012年2月10日可口可乐收盘67.94美元，与1998年7月14日最高的70.27美元相比，最近13年不但没涨，还略有下跌。同期标普500指数从1177点上涨到1342.64点，这13年可口可乐股票明显跑输大盘。

如果说你是在13年前买入可口可乐，人生的十分之一（假定你能健康长寿活到130岁）守在一只没有任何复利回报的股票上，你又如何HOLD住呢？

爱因斯坦曾说过，宇宙中最伟大的力量是复利。上过传销课的人没有不被这伟大力量所震撼的。但是，这种力量只能运行在广袤浩渺的宇宙空间和书本上。日积月累能够积少成多，这样的

朴素道理一旦被提纯萃取为一个纯数学概念，再回到投资实践中，就很难有建设性的切实意义。

巴菲特不可能不了解纯数学与现实生活的天壤之别，却像赵本山卖拐一样，四处兜售自己的复利馅饼。复利本身不是陷阱，“简单”的、“低智商”的巴菲特却将馅饼变成了陷阱。

## “鸵鸟之毒”

2011 年 11 月 14 日，就在世界金融局势动荡不安之际，巴菲特接受 CNBC 电视台专访时表示，世界还会很不确定，但我还会坚定持股优秀公司。大有“任尔东西南北风，我自岿然不动”的态势。

其实，巴菲特的这份淡定也是随着投资规模的扩大，不断“进化”而来的。几十年前，当他的资本身段还比较灵巧时，他对于市场的气候变化还是非常敏感的，闪转腾挪，进退自如。

1957 年到 1966 年 10 年间，道·琼斯指数出现了一波大牛市，从最低时的 416 点上涨到最高时的 1001 点，上涨 1.4 倍。1967 年，电子股火爆，引发股市更加疯狂。巴菲特却开始感到恐慌。当股市疯狂到雅芳和施乐的市盈率超过 50 倍时，在所有人不顾一切地贪婪地买入时，巴菲特却恐慌到了极点，他在 1969 年宣布解散投资公司，彻底退出股市。

再看 20 世纪 70 年代的道·琼斯指数。1970 年 5 月股市大跌到 627 点，只过了 7 个月，1973 年 1 月又冲到最高 1067 点。巴菲特自己没想到，他退出后牛市又疯狂了三年才结束。股市一直跌到1974年12月6日最低的578点，这场熊市持续了23个月，跌幅达45%，许多机构和个人破产，人人恐慌，许多股票市盈率只有个位数却无人敢买。休息近5年的巴菲特却重回江湖，大量买入，其中就包括华盛顿邮报股。到1976年2月，股市用了14个月重回1000点，巴菲特大赚了一把。

如今，这一段故事被诠释为巴菲特价值投资理论的最成功实践。而实际上，在此后的岁月中，无论股市多么低迷，巴菲特都能够“忍”字当头，非但不回避下跌的行情，反而逆势增长。最奇怪的是，两个截然相反的动作竟然都成了价值投资理念的典范！

巴菲特是这样解释为什么完全可以忽略市场行情的：“持有一家大公司的股份也是同样的道理。我根本不知道将来股市会上涨还是会下跌，其他人也根本不知道。忘掉股市吧。我根本不知道明天农场的市场价格会涨还是会跌，但我确实知道，如果是一家好农场，一个诚实勤劳的农夫租种这家农场，未来的收成肯定会有所提高。你只要拥有诚实能干的人管理好资产就行了。”

巴菲特的比喻较真起来大有问题。在20世纪30年代的大萧条时期，那么多勤勉的农场主破产，整个市场崩溃了，再好的企业管理也没有用。

如果拉长时间，巴菲特的比喻还是恰当的。但问题依旧存在——巴菲特可以拥有好的“农场”，而“小散”们最多只能拥有好的“农场股票”，巴菲特可以超脱和淡定，但“小散”们也可以吗？更何况巴菲特有“四大法宝”护身，他的股票有“超级三高”的特质，而普通投资者将血汗钱投在股市里，如何能一忘了之？

巴菲特退出市场，是审时度势；而“小散”们这么做，就成了见风使舵。巴菲特逆势增仓，是畅饮价值美酒；而“小散”们

这么干，就是不折不扣地用嘴巴去接从空中落下的匕首。实际上，小散们的悲剧至少有一半是逆势抄底酿成的。

巴菲特是否以价值理论为糖衣，掩饰了不同资金在规模、结构以及天赋秉性等方面的具体特征，在风暴来临之时向无数小麻雀们释放“鸵鸟之毒”呢？瞧，像我这样，只要把脑袋钻到价值理念的沙丘里，就安然无恙了。鸵鸟政策对鸵鸟来说，是长期进化而来的理性策略，但对于更机敏的小麻雀来说，恐怕只能招致灭顶之灾了。

在金融危机中，巴菲特因为号召“买美国”忽悠了股东和股民而道歉，或许，他早已无所顾忌，痛快淋漓地大肆挥霍一辈子也消费不完的“巴菲特品牌红利”。

其实，小散持股有自己的优势。正如巴菲特的师傅格雷厄姆指出的，小投资者比掌握和管理大量资金的投资者更有优势，因为资金量较大的投资者容易参与短线交易和程式交易。格雷厄姆称：“坚持合理的投资理念并得到很好的建议，个体投资者的业绩从长期来说会超过大型机构，对此我深信不疑。”

“鸵鸟之毒”能让毫无风险抵抗能力、既“简单”、又“低智商”、幻想着复利奇迹的“小散”们，丧失基本的避险本能和止损意识，同时也无视自己灵巧的小规模优势，从而放弃了波段操作这一重要的利润源泉——“鸵鸟之毒”是致命之毒。

## “榜样之毒”

1976年，巴菲特招了一个助手，是太太苏珊的球友格罗斯曼。

格罗斯曼是巴菲特的小老乡，耶鲁大学毕业，后来又在斯坦福大学读了 MBA。巴菲特一眼就喜欢上了聪明能干的格罗斯曼。巴菲特想，两个儿子不成器，就培养这个小伙子做自己的接班人吧。从此朝夕相处，耳提面命，从生活到工作，从现实到理想，巴菲特都细心提携，寄予厚望。巴菲特将格罗斯曼引入自己的社交圈，格罗斯曼很快就和大家相处得非常好。后来巴菲特还多次给了格罗斯曼参与投资和企业管理的机会。但是，过了几年，这个年轻人却辞职了。神一样的投资大师，心有灵犀的学生，原本该演绎一出名师出高徒的好戏，为什么不了了之了呢？

巴菲特的价值投资理论听起来美妙，实则玄妙难以捉摸，有些“道可道，非常道”的意味。巴菲特的女儿就说过，无论格罗斯曼如何细心观察细心体会，最终还是隔山买牛，因为一切都装在父亲的脑子里。有时候你可以想象、演绎、分析或是“追认”巴菲特投资决策的逻辑，但你却无法还原巴菲特的决策过程和依据。巴菲特的二儿子彼得说：“这是我父亲第一次尝试把自己的看家本领传给下一代。可是这件事却搞糟了，因为他也不知道如何传授。”实际上，巴菲特的成功十有八九“功夫在诗外”，而“诗外”的“功夫”更是只可意会，不可言传。

说起来，巴菲特的本领不是得自他老爹的传授，那么，他的本领也就很难传授给他的儿子。为什么不能遗传？正面的论证可以有无数条，反证法最方便。设想一下，如果巴菲特的本领能够遗传，那么，子子孙孙，巴二世、巴三世，不出几代人，巴菲特家族就会成为罗斯柴尔德家族的 N 次方，就能把全世界的财富都纳入囊中，这可能吗？

变革的时代，神奇的国度！稍有头脑的国人，蓦然回首，莫不有一种今夕何夕，惊心动魄的眩晕感。有的偶像风化坍塌了，有的偶像被赶下神坛又被绑赴祭坛，更多的五花八门的偶像则灿

如烟花陨若流星，就在这大众偶像的黄昏，诸神放逐，巴菲特却王者归来！

巴菲特在中国大放异彩，承载了无数投资者的光荣与梦想，他的“贪婪与恐惧”等名言成为流传最广的财富箴言。那张混合了圣诞老人、财神爷和智慧使者的脸无所不在，像奥威尔《1984》里的“老大哥”一样占据着财经书架的最好位置盯着你，成为一道“美丽的风景线”——不得不承认美国人的强大，不仅输出大片、薯片、芯片，还输出美国梦的形象代言人巴菲特。

真实的巴菲特到底是什么样子？“美丽的风景线”正面展示了“股神”的风采，而我却带领诸位转到了孔雀的屁股后面。有些不雅观，但更接近真相。我们扫描了巴菲特的投资全貌；管中窥豹，多少了解了一些他游刃有余的帝王级别的金权圈子；又感受了巴菲特超群绝伦的个人才情与努力——我似乎看见巴菲特在神殿的门口顽皮地向里张望，暗自哂笑。我们中了巴菲特的“榜样之毒”，而巴菲特的个人成就不可复制，否则，继承了其生物基因和社会基因最大遗产的儿子还会开着拖拉机奔驰在希望的田野里种几十年的玉米？巴菲特还需要为继承人问题而大伤脑筋？

“榜样之毒”可以细分为两个概念：一是人生楷模之毒，二是投资理念之毒。

对“小散”们来说，巴菲特式的成功如同复利奇迹，近在眼前，远在天边。恐怕只有真正的“低智商”会挂一漏万罗列不可能的理由。其实，随便一条，都足以让“小散”们“卷帷望月空长叹，美人如花隔云端”。

巴菲特曾经说过：“大约99％的美国经纪机构认为，如果他们做一件事时获得了巨大的成功，那么他们做其他事时也会获得巨大的成功。他们就像下雨时池塘里的鸭子——他们在这片世界里随水的上涨而上升，他们开始以为自己是使得自己上升的原因。于是他们来到一个并没有下雨的地方，他们只是坐在地上，但什么也没有发生。”

巴菲特自己也很清楚，自己这只鸭子比其他的鸭子更聪明，首要条件是因为生在美国。如果到了中国，他因为并不了解中国的国情可能非但浮不起来，甚至泥足深陷，被困死饿死。

人们学习巴菲特的榜样更重要的含义是学习巴菲特的价值投资理念。在2001年开始的历时4年的大熊市之前，中国股市盛行坐庄、内幕消息、炒作等，艰难的大熊市促使投资界反省，巴菲特的价值投资之风在这段时间里逐渐深入人心并且盛行。

他们将巴菲特的理念概括为几个简单的要点：第一，在便宜的时候买进一个好公司；第二，集中投资；第三，在没有合适的令人惊喜的目标出现之前，等待。他们认为这是“睡得着觉的投资”，是一条快乐而富有的路。

实际上，这三条中最适用的是第三条，也就是“投资有风险，千万别玩火”。前面两条是“樱桃好吃树难栽”，好股票很难找到，集中投资则可能孵化一窝“黑天鹅”。



一些阳光私募以巴菲特“光辉理念”为招牌，他们的业绩在2005—2007年的这轮大牛市中非常令人瞩目，似乎证明了学习巴菲特和复制巴菲特是一条康庄大道。但在2008年股市残酷下跌70％的情况下，这些曾经对价值投资侃侃而谈的人士全都闭上了嘴。

巴菲特早年的几何平均收益40％多，最近10多年不到15％。这表明，（1）巴菲特早年投资风格（未必买大蓝筹）更适合散户；（2）时代变了，长期高成长更难了。由于VC（风险投资）和PE（私人股权投资），一个小公司没几年就变成大公司了，巴菲特的价值发现工具已然无法适应新的市场环境了。

拉里·威廉姆斯在《短线交易秘诀》中说:“在这个行业中,行得通的理论不会持久有效,这就是我为什么那么羡慕芭蕾舞蹈演员的原因,他们以脚尖着地,却能屹立不倒。”巴菲特穿着价值投资的红舞鞋以脚尖着地旋转了几十年,他可以永远旋转下去吗?

行得通的理论不会持久有效——因为一旦某一种策略无往而不胜,那么,“天下云集响应,赢粮而景从”,市场必然倾斜。如果市场是成熟的,其自身的平衡机制会在瞬间得到纠正,市场效率越高,这个纠正过程的效率也就越高。同质化程度过高的操作系统,正是金融市场的大忌。如果交易者步调一致,瞬间的共振效应会震垮华尔街,震垮金融市场,1987 年美国股市的股灾很大程度上就是因为很多公司的交易模式相似,当出货信号出现时,大家抢着逃跑。成熟的金融市场总是鼓励不同的投资操作理念和系统,通过“万类霜天竞自由”,来达成交易生态环境的健康和谐。

所以,有效策略必然是短暂的,稍纵即逝的,掌握有效策略的人必然是少数人。中国股市的博弈格局明白无误地显示,赔钱的总是大多数。如果你的策略是大众认可的,那么,你赔钱的命运也就先天注定了。

为什么巴菲特有这么多的信徒和拥趸,却没有产生壮观的共振效应?或者,从更长的时间上看,没有产生价值投资理论自身的溃败?原因很简单,价值投资理论从来就不是一种规范的明确的投资方法,也正因为这样,巴菲特有广阔的腾挪空间,即便漏洞百出也不至于捉襟见肘。巴菲特的价值投资理论的价值被严重高估,结果是学习巴菲特价值投资理论的人多如牛毛,而得道成功的人寥寥无几。

巴菲特说他的策略有效,很大一部分原因是“功夫在诗外”。

巴菲特站在肥皂箱子上，用扩音器向着亿万投资者广而告之的不过是一些扭曲的充分条件。你学会了“巴式”三拳两脚，如果没有“诗外”的功夫，则完全没用。榜样之毒的特征就是：告诉你的都是正确的废话，真正有用的东西你永远也学不会。

巴菲特用他的价值投资理念来包装、漂白、放大、掩护他的“三大超高”、“四大法宝”和“五毒俱全”。正是有“三大超高”,“四大法宝”和“五毒俱全”的配合，并不比其他市场理论更高明的价值投资理念才闪烁出神奇的光芒。实际上，所谓价值投资，只是巴菲特“主题先行”的伎俩——逻辑自洽，但在实践中并没有可复制的建设性。也不可能存在这样的理论。如果有，一个成熟有效的市场会在瞬间坍塌。价值投资理念的价值是有限的，它的相对有效有着严格的前提条件和环境条件。

其实，巴菲特也是很坦率的。在 2011 年写给股东的信中，巴菲特说，其他基金顾问可能会分为“长期投资”、“宏观投资”和“国际股票投资”，我们在伯克希尔·哈撒韦只有一种模式：“精明投资”。

至于为什么要这么做，实在无需解释。巴菲特在 2008 年致股东的一封信中说得很清楚：他相信年轻时就看到的格言：“吾信吾主，其余请付现金。”这意味着，无论何时，无论做什么，巴菲特始终只是一个资本家。

如果巴菲特是“神”，那就可拜不可学；如果巴菲特不是神，不过是一个“在打字机前随机地打出一部《莎士比亚全集》的大猩猩”，那么，又有什么可学可拜的？

## “巴菲特不确定性悖论”

2011年11月14日，巴菲特接受CNBC电视台专访。CNBC记者问到：“你是如何处理不确定性的？你是忽略所有的不确定性，还是说，你会想办法处理这些不确定性并做出投资决策？”

正面回答不是大师的风范。巴菲特答非所问地说：“世界总是不确定的。1941年12月6日，世界是不确定的，我们当时并不知道第二天太平洋战争会发生。1987年10月18日，世界是不确定的，我们当时并不知道第二天股市会一天暴跌508点，跌幅高达22.6%。世界总是不确定的，充满了不确定性。”

1962年的冷战交锋，让巴菲特和所有美国的投资者尝尽了政治的确定性导致经济的不确定性的苦头。尽管世界最终从古巴导弹危机的核悬崖边走了回来，但道·琼斯工业平均指数在1962年的前六个月当中下跌了23%，让前一年22%的涨幅变得了无意义。1962年5月29日的“闪电崩盘”让道·琼斯指数单日损失了大约6%。

2001年的“9·11”恐怖事件让伯克希尔损失22亿美元。巴菲特沉痛地反思：“一次巨灾的发生并不令人吃惊，巨灾总是会偶然出现，这绝不会是我们遇到的最后一次巨灾。我们以及本行业其他所有公司，所提供的保单中包括了恐怖主义活动和其他风险，却未曾因此而多收取任何附加保费。这是一个严重的错误，我自己承认这个错误。”

保险行业的主业就是经营风险、控制风险。在与风险的交往中，巴菲特充分意识到未来世界的不确定性与市场的不确定性，他从不去预测市场的走势，最多给出某种统计学意义上的可能性，或者说，就是概率。

2012 年 7 月上旬，巴菲特在写给股东的信件当中说：“我想，我们可以确信，未来十年当中，将有少数年头，大盘可以获得 20% 甚至 25% 的涨幅，还有一些少数年头，则可能会有同样程度的跌幅，而大多数年头的表现会在两者之间。至于这些年头将以怎样的顺序出现，我没有任何概念，我认为，对于长期投资者而言，这个顺序并没有什么重要意义。”

巴菲特接着说：“股市还将会大幅波动，我会利用股市反应低价买入好公司。”巴菲特用顽皮的活灵活现的口吻说：“即使美联储主席伯南克来见我，在我耳边小声告诉我他明天将会做这件事那件事，我也根本不会改变我对自己想要买入股票的公司的看法。”

话锋一转，自然而然。但问题来了！巴菲特认为市场是不确定的，但是，公司与企业却是确定的。“如果我私人拥有一家企业，比如我拥有镇上最好的一家餐馆，我会担忧明天的新闻头条说什么吗？”我们可以反问巴菲特一句，如果说明天的新闻头条是禽流感，是马肉风波，是有关本地销售的食用油普遍不合格的新闻，餐馆老板还会淡定吗？

巴菲特说：“世界还会很不确定，但我还会坚定持股优秀公司。”如果说宏观的经济命运都不确定，那么，微观层面上的“优秀公司”的优秀性怎么就是确定的呢？

实际上，最大的不确定性源于伴随和时代变化的市场竞争，像可口可乐那样有着高墙深沟环绕的寡头垄断性企业已经很难复制，企业兴衰成败的过程与周期已经大大缩短，股市波动也将加大，“优秀公司”一夜之间不优秀了。这在中国股市俯拾即是。

即便在美国，“其兴也勃，业绩翻脸比翻书还快，其衰也忽”的频率也骤然加快。当年如日中天，一次性投入，终生持有的“漂亮50”企业早成了明日黄花。近几年，柯达申请破产，诺基亚、摩托罗拉在手机市场上迅速衰退，巴菲特的“护城河”理念只在特定时期有其合理性，当时代发生变化的时候，“护城河”只能是一厢情愿。

巴菲特经营保险，而保险业务经营的就是风险，所以，巴菲特对于风险有着巨大的警惕性。喜欢数字的巴菲特能从历史数据中找到博弈的大概率。

长期而言，股市投资回报是相当好的。在20世纪，美国经历了两次世界大战，还有许多非常惨痛、代价沉重的打击：1929年经济大萧条、十几次经济衰退和金融危机、石油危机、1918年在几个月内就夺走了2000多万人生命的流感、尼克松总统被弹劾下台。但道·琼斯指数还是从66点上涨到了11497点，100年间上涨了173倍。

查尔斯·艾里斯在其《投资艺术》一书中指出：1901—1990年这90年间，投资股票10年，除只有一次会发生亏损外，大部分时间都有5%~15%的年回报率。Sigel在其名著《Stock For The Long Run》中的研究结果：在1802—1996年的195年间，持有股票十年收益率超过持有债券的概率是79.6%。

基于这样的整体判断，巴菲特的伯克希尔公司曾卖出48.5亿美元的看跌指数期权。根据该合约，如果2019年后的特定日期，包括标准普尔在内的四大市场指数低于双方签约时的点数，伯克希尔将需要支付370亿美元。2012年9月30日，伯克希尔公司曾因指数连续四个季度下跌而计提67.3亿美元。

2008年5月，巴菲特表示：“我相信这些合约总体上会带来盈利。”据测算，万一伯克希尔必须依据CDS行情偿付，公司将会耗尽当时所囤积的334亿美元现金，而巴菲特享誉数十年的全球最成功投资人的辉煌纪录也将毁于一旦。外人看来危如累卵，巴菲特则胜券在握。他在电子邮件中表示，只有当标准普尔500指数等四项基本股指均下跌至零的情况下，伯克希尔的全部355亿美元期权相关资产才会都处于风险当中。

可见巴菲特的下注与价值理论无关，不过是一场大胜算的博弈而已。实际上他进行的是大概率博弈，只是他能够运用自己的“法宝”和“三高”最大限度地提升胜算，降低风险，平滑波动，最终完成神话一般的财富传奇。巴菲特不会告诉你真正的投资之道，但有心人能从巴菲特前后矛盾的话语中窥见奥秘之一二。

一方面，巴菲特说：“企业决定一切，市场不重要，不要关注市场！”实际上等于说，市场是不确定的，所以不重要，只有企业是确定的，所以，企业决定一切。另一方面，巴菲特强调博弈心理，“别人贪婪我恐惧，别人恐惧我贪婪”，强调投资与市场进行心理与情感博弈是成功的关键。这两句话，每一句本身的逻辑都有问题，而这两句话之间也是彼此抵牾的。

与巴菲特“以不变应万变”的策略不同，一脸恶相的“大鳄”索罗斯的风险观与操作行为高度一致，直白坦率，也更容易理解：世界是不确定的，所以，我随时准备更正自己的错误。“量子基金”的名称就体现了索罗斯对于不确定性的哲学化思考，从“量子的不确定性”发展到“人的不确定性”，进而推导出“市场的不确定性”，索罗斯将他的哲学研究成果落实到金融实践中去，获得了巨大的成功。

价值本身并无意义，它以一整套市场参照系的存在而存在，也必然随着这个参照系的流变而流变。如果价值的参照系——市场，包括价格、供求、发展趋势都是不确定的，价值又如何确定？巴菲特的价值投资，本质上不过是以价值投资理念为辅助，以自己独特的资金运作为相对优势，与市场进行的资本博弈而已。

巴菲特说：“我们的经济命运将取决于我们拥有的企业的经济命运，无论我们的所有权是部分的还是全部的。”但是，企业的经济命运又何尝不取决于我们的经济命运？宏观经济命运是一个大范畴，包含了每一个微观企业的经济命运。巴菲特一方面强调“经济命运”的不确定性，承认市场是无法预测的，但是，另一方面又坚信“企业的经济命运”是可以通过价值标杆来牢牢把握的，单从形式逻辑上看就是悖谬的。这种貌似客观而谦逊，实则主观而荒诞的自相矛盾，即“巴菲特不确定性悖论”被股神光环所遮掩，普通投资者不经认真思索很难察觉。“巴菲特不确定性悖论”是巴菲特的“法宝”与“三高”的遮羞布，不揭穿这一点，中了巴菲特价值投资之毒的信徒们就无法自我救赎。

幕间茶话

## 让张悟本去解巴菲特的毒

“忙着在打高尔夫球呢。这是张悟本给我开的方子。”牛卫东说。我能想象他戴着耳麦，在室内练球的样子。

“听你这口气，好像张悟本也没那么坏。”

“亏你还是媒体人！”电话线那端又传来了击球的声音。“前些年我在美国就听说了张悟本，上次回北京还找熟人介绍看了一下。他一见到我就说没什么大毛病，就是紧张、焦虑，可能血脂比较高，多吃点茄子等瓜果蔬菜，多运动，最好整天泡在高尔夫球场上。”

“你觉得张悟本确实有点真本事？”

“谈不上，但是经验是有的。”牛卫东说：“这老兄没文化，实际上被卖书的给坑了。书商为了吸引眼球，故做耸人听闻的话语。如果张悟本说茄子绿豆虽好，可也要适量啊——有谁听呢？”

牛卫东说：“那些吃了茄子拉肚子的人可以去讨说法。依照巴菲特的理论炒亏了的人，能找巴菲特讨说法吗？”

巴菲特一方面强调价值投资，长期持有，同时又说：“仅仅固守一种特定的投资类型或投资风格，投资者不可能获得超常的利润。他只能通过认真评估实际情况并不断训练获得这种利润。”两者冲抵，等于没说，也等于穷尽了世间一切真理。

……

“你的股票怎么样啊，死了也不卖？”我一直盯着熊文革的投资组合里几只股票的表现，在最近一轮大盘调整中，这些股票有的跌了一半，有的跌了三分之一。

“现在我已经不看大盘了，看了心慌，影响健康。但是巴菲特还是要看看的。”熊文革叹了口气。

“嗨，你中了巴菲特的毒了，而且，中毒很深！”我忍不住对着电话喊了起来。

“我中了毒？有什么症状吗？”

“你的投资账户就是化验单——一清二楚，呈阳性！”说完，我有些后悔。人怕伤心，树怕剥皮。

“你说的不是没有道理，”熊文革说，“这种毒的病理是什么？”

“巴毒是一种理念毒素，一旦嵌入中小散户的投资理念就难

以清除。病人开始感觉通体舒泰，如沐春风，相见恨晚，进而放松戒备，肌肉萎缩，反应迟缓。行情突破时麻木不仁，错失良机，在变盘、出现拐点等关键时刻丧失逃生本能，在漫漫熊市中，甚至表现出强烈的自虐倾向。”

“嗯，你接着说，我听着呢。”

“一个理论本身并没有害处，但是，一旦它获得了垄断性地位，成为禁锢人们独立思考与判断的教条时，其危害就产生了。巴菲特的投资行为与他所宣扬的价值投资理念往往是言行不一，甚至南辕北辙，即便是那些广为传颂的经典案例，也有巨大的局限性和苛刻的适用条件。巴菲特的美味很可能是别人的毒药。”

# 第五章　就当没有价值投资那回事

不要上巴菲特的当

## 随意伸缩的“价值投资”燕尾服

央视财经频道播放过一个节目：温州红酒协会请来几位业内知名人士品鉴不同品牌的红酒。从几十元的国产货到几十万元的小拉菲，都蒙上了酒标。结果，几百元的胜出。呵呵，有些冷幽默。结论看似耸人听闻，却符合我们的生活经验。品酒不是化学检测，即便是精密仪器也不太可能判别出来细微的、极易受到感官与心态影响的差异，更何况好坏的标准只是一个模糊概念。

同样，我们来品鉴这么一个投资组合。

（1）廉价股的阶段性持有；（2）短期套利；（3）可转债；（4）可转换优先股；（5）认股权证；（6）垃圾债券；（7）长期零息债；（8）商品期货，包括石油期货和白银期货；（9）外汇期权；（10）衍生品合约，包括 CDS 和卖出长期的股票指数看跌期权。

再看看令人眼花缭乱的具体投资项目。1991 年透过私募的方式投资 3 亿美元的美国运通俗称“Percs”的股票，在投资的前 3 年可以领取一笔特别的股利，在 1994 年 8 月以前转换成普通股；1994—1995 年建立了 4570 万桶仓位的石油的衍生合约；1997 年购买了 1.112 亿盎司的白银；1997 年购买了 46 亿美元以账面摊销的长期美国零息债券；2002 年首度进入外汇市场投资，截至 2004 年底总计持有 214 亿美元的外汇储备，投资组合遍布 12 种外币；2002 年涉足以欧元为单位的垃圾债券市场，至 2006 年总值达 10 亿美元；此外，还进行固定收入套利，并持有其他衍生品合约，这些合约可分为两大类：Credit Default Swaps（CDS，信用违约掉期合同）、卖出长期的股票指数看跌期权等。

如果没有前面章节的铺垫，股民朋友，你们能猜出这个投资组合贴着巴菲特的标签吗？

很多人觉得这可能是索罗斯，但不可能是巴菲特。恰恰相反，就是巴菲特！我们再把相关的投资特征以质疑的方式整合罗列一下，巴菲特的标准像就越发七零八落，面目全非了。

巴菲特不跟风吗？1952 年时他的资产才 12000 美元，1957 年时变成 150000 美元，主要原因是他把 75% 的净资产都买入了 GEICO，而 GEICO 占有他老师格雷厄姆基金里的 25%。

巴菲特只看价值是否合适而不问行情趋势？1969 年上次大牛市顶时跑了；1974 年超级大熊市底时满仓杀入，1987 年 10 月初清仓，除 GEICO、Capital Cities、华盛顿邮报以外全都卖了。

巴菲特不买周期股？——巴菲特曾买入中石油、溢价收购路博润。

巴菲特不买带窝轮的股票？——巴菲特拥有 NETJET、买入比亚迪。

巴菲特不买科技股？——巴菲特买入英特尔，并于 2011 年 11 月在 IBM 股价创新高之际重仓买入。

那些迷信巴菲特并根据巴菲特多年持股现象归纳“价值投资真理”的人们，是否又要修正“巴菲特教义”了？

巴菲特是长期持股，还是集中持股？——从巴菲特的投资实践来看，“以大大低于内在价值的价格而买进”与“以大大高于内在价值的价格而卖出”（阶段性减持）都一直是巴菲特在不断操作的行为。根据巴菲特控股的伯克希尔公司 1977—1994 年所投资上市公司的数据，巴菲特普通股投资组合个数变化呈现

非常大。1977—1994 年期间，经历了 1980 年前后的股市低潮、1980—1986 年的牛市、1986—1987 年的股市高点及随后的大调整。从巴菲特持有的上市公司可以看出，在 1977—1980 年，巴菲特不断增加自己投资组合的公司数量，而 1981—1987 年又是在不断减少，最少时只剩下三家公司的股票（GEICO、首都/美国广播公司和华盛顿邮报），1988—1994 年巴菲特又开始不断增加自己的投资组合的个数。

人们通常认为，巴菲特干的事情不过是：(1) 优秀企业的购并和永久持有；(2) 少数“必然如此”的伟大企业普通股的永久持有；(3) 部分“可能性高”的优秀企业普通股的长期投资；(4) 中期固定收益证券；(5) 长期固定收益证券；(6) 现金等价物。现在，巴菲特怎么变了呢？

对那些巴菲特原教旨主义者来说，这是很难堪很棘手的问题——巴菲特怎么也干这样的勾当呢？修正主义者不会让尿给憋死。他们说，巴菲特有“常规投资”，但也有“非常规投资”，是技术全面的投资大师。他们与希腊神话中开黑店的普洛克路斯忒斯有几分神似。

普洛克路斯忒斯客栈里有两张铁床，一长一短，普洛克路斯忒斯强迫旅客躺在铁床上，身矮者睡长床，强拉其躯体使与床齐；身高者睡短床，他用利斧把旅客伸出来的腿脚截短。

巴菲特修正主义者一面要对巴菲特肖像进行缩骨和延骨术，一面要拉伸价值投资这张床的内涵和外延，但本质上与普洛克路斯忒斯“多退少补”的外科手术是一样的，目的无非只有一个——无论你巴菲特干了什么，都要“恰好”睡在价值投资理念这张床上。或者说巴菲特的拥趸和信徒们给巴菲特披上了价值投资的燕尾服——只要是巴菲特身上穿的，他们都称之为燕尾服！

股民朋友，是巴菲特背叛了自己的肖像，还是肖像背叛了巴菲特？都没有，这些都是真实的巴菲特，是一枚银币的正反两面。巴菲特要为股东赚钱，有钱就赚，再正常不过了，只是为了维护自己的理论与实践的完美，很多信息“不足为外人道也”罢了。这可苦了了解真相后的“巴菲特原教旨主义者”们，他们要打圆场、打补丁。中了毒的巴菲特信徒们是多么可爱又可气。

因为巴菲特是“富二代”和“官二代”，所以“巨额资金来源不明”的疑问能在合理想象中找到解释；因为巴菲特不拘泥价值投资的局限性，所以，十八般兵刃来者不拒，只要顺手就用；因为巴菲特游走于帝王级的金权圈子，所以，他的股票有“三高”特性，他有“四大法宝”也就不足为奇。然而，这些都不是巴菲特愿意让大家看到的。他始终把自己打扮成一个“提篮小卖”的穷小子，一个曾经品行不端的街头少年，一个腼腆害羞经过卡耐基学校培训后才能打破社交障碍与女朋友约会的羞涩青年，一个上大学碰巧遇到投资大师格雷厄姆顿悟价值投资理念，因而点石成金的才智中等之人，是华尔街版的《阿甘正传》的主角，是美国梦的代言人。

我们基本清楚了这些事实：他宣扬的草根励志故事是包装出来的，他的投资实务和他宣扬的价值投资理念有时吻合，有时风马牛不相及。现在，我们就面对一个问题，巴菲特宣扬的价值投资理论到底是怎么一回事？相比其他的投资理论，价值投资理论技高一筹吗？

## 价值投资真的适合所有人吗

如果史上最伟大游泳运动员菲尔普斯办一个游泳学校，很可能爆棚。但如果他说，游泳是世界上最好的健美方法，适合每个人，我想，不少人会不以为然。然而，如果巴菲特说，价值投资理论是世界上最好的投资方式，最适合普通人，是亿万股民走上财务自由之路的康庄大道，就很少有人去质疑。生活经验告诉我们，菲尔普斯的说法不太靠谱——这原本就是我们假设的。其实，巴菲特的价值投资理论和菲尔普斯的说法在逻辑上是可以等量齐观的。

经常出现在游泳池里的人大都有令人羡慕的俊美身材，因为游泳有利于优化体魄，这应该是常识。但是，能让人眼睛一亮的好身材更多地得之于先天所赐和综合锻炼，而不仅仅靠常年游泳。很多人没有科学验证的思维习惯，于是，游泳与好身材在他的潜意识里“想当然”地就有了相当的关联，甚至是等号。其实，我们只要思考一下，“想当然”本身就是一个问题——菲尔普斯是因为游泳炼成了健美的身材，还是因为身材条件更适合游泳，才最终选择了游泳？同样，我们也要问一句，巴菲特倡导价值投资理论，是巴菲特因为价值投资理论而大获成功，还是价值投资理论因为有了巴菲特这个形象代言人而具有了非凡的魅力？看完前面的章节，我们知道巴菲特走出了自己独特的成功之路——并不是如他所标榜的价值投资者，而是恰恰相反，以价值投资为幌子，掩饰着自己法无定法、无可复制的迷踪拳套路。

由于每一个人的自身条件和客观环境不一样，出于健身目的，有的人适合跑步，有的人适合打球或者是骑车，有的人患有皮肤病或是沙眼、中耳炎，根本就不应该游泳，这就是人们质疑菲尔普斯“游泳是适合每一个人的最佳健身法”的原因。巴菲特的“价值投资最佳”理论因为比较抽象，所以，要进一步揭示其“适合所有人”的荒谬性，难免要多死几个脑细胞了。

为什么适合所有人？因为价值投资是科学，是普世价值的体现，真是这样吗？巴菲特倡导价值投资法的惯常手法就是将其描述为一种“科学”的方法，不仅省略复杂的限定条件，而且无视“价值”本身的不确定性，进而神化其效果，通过名人示范效应和长期心理暗示，来模糊人们的理性判断。从社会制度到文化特征，直到每一个人的志趣爱好，“多元化”可谓是现代社会最突出的特征了。然后，在众多投资理念争吵喧闹的菜市场上，巴菲特的价值投资法能够一法独大，将其他投资方法都边缘化，或“非理性”化，这实在不是一件简单的事儿。如果价值投资真有这样“桃李不言，下自成蹊”的效果还可以理解，但问题是价值投资法的效果根本就无法得到科学论证，为什么居然也“蔚然成风”，成为主流？巴菲特使用的障眼法是：价值投资法“没有”失败者。

为什么在现实生活中，尤其是在公共媒体上，听不到价值投资的信徒失败的例子呢？我觉得主要有两个原因：

一是因为价值投资法带着诚实、坚持、专注、恒久等道德标签，所以，只要是赚了钱的投资者一旦到了公众场合就爱将自己装扮成价值投资者，都乐于宣扬价值投资的好处。失败的价值投资者会自动消失，或者将自己包装成技术投资法的受害者，然后改邪归正，浪子回头。我在参与制作股评节目的过程中发现，唱价值红歌最响亮的一群人是基金经理，其中不少是阳光私募基金经理，或者是地下私募的掌门人。他们只有将自己装扮成价值投资的捍卫者和成功者，才可能维持自己的市场形象，募集更多的资金。似乎坚持价值投资就是大方向正确，在这个共同的价值观基础上，投资人才可能发挥自己的独到之处。例如，有基金经理总结自己的投资经验，以安全边际理论选股，以技术分析手法切入，以价值投资的理念长期持股等，你如果考察他们的持仓变化和交易过程，根本就是挂羊头卖狗肉。

二是价值投资有一个很好的掩护，那就是时间，只要仓位尚未清算，就有翻本的可能。不像短线操作的技术投资者，赚了就是赚了，亏了就是亏了，无法狡辩，无法自我安慰。所以，越是在价值投资的低迷期，价值投资基金的掌门人一定要大谈特谈“内在价值”。而且，所谓的价值投资者往往有很强的道德感和自尊心，不愿承认失败，更不愿意在公众面前承认失败，似乎只要像鸵鸟一样回避残酷的现实，咬牙坚持下去，价值大法就会显灵！时间成了模糊成败的弹性标准，于是，你永远无法宣判一个价值投资者的失败。明明是脑死亡了，但还有呼吸，这位病人到底死了没有？对于价值投资者来说，只要还在喘气，就有生龙活虎的一天。

价值投资理论的中毒者和失败者在A股市场满坑满谷。然后，在公众视野里，他们是隐身人，是模糊的背景，是枯燥的统计数据。而且，即便有人公开承认自己是失败的价值投资者，你的身份也不被承认。这就是价值投资者中没有失败者的另一个重要原因。

在巴菲特眼中，失败的价值投资者就是叶公好龙的假信徒，不配拥有“价值投资者”这一光荣称号。他们可分为两拨人：一拨人是冒牌货，打着红旗反红旗，以价值投资为名干着投机的勾当，这样的人自然会失败。如果他们坚持认为自己是价值投资者，那么纯粹就是给价值投资理论抹黑。还有一拨人虽然是忠实的价值投资的崇拜者，但是，领悟不深，修行不到家，不是大师的法不好，而是你自己不得法门而入。大名鼎鼎的失败者都是投机者，而成功的投机者则被包装为价值投资的践行者，你又如何能找到价值投资失败者呢？赚钱了，是价值投资法的功效，至少是有意无意地契合了价值投资的理念；投资触礁、翻船，亏本了，无论你是否意识到了，都是因为偏离了价值投资的正确航道。至于“价值大法”的真理性，则只能信仰，不能论证，不允许被怀疑，更不允许被玷污。

巴菲特一方面说“小学数学中等智商就可以了”，这样才能广泛吸引中等智商以下的财迷们，另一方面又将价值投资神秘化，其目的就是浑水摸鱼，混淆是非，为价值投资没有失败者的强盗逻辑打掩护。巴菲特在一篇演讲中说：“我从来不曾见过任何人，会在10年之后才逐渐地皈依这种方法。它似乎和智商或学术训练无关。它是顿悟，否则就是拒绝。”这倒是巴菲特最坦率真诚的剖白。巴菲特一方面享受着神一样的万众瞩目的待遇，一方面又说“我不曾目睹价值投资法蔚然成风”。显然，只要不赚钱，你就不配称为价值投资理论的信徒和拥趸。例如我的朋友熊文革，对于巴菲特价值投资理论的学习揣摩是非常痴迷勤奋的，还借助英汉字典看格雷厄姆和费雪的原著，个别股票的持仓时间也动辄数年，智力、情感和金钱各个方面都支付了巨大的代价。然而，因为不赚钱，就连熊文革自己也喟然叹息道：“自己距离一个真正的价值投资者还有很大的距离！”倒是那些活跃的基金经理三天两头在媒体抛头露面，毫不客气地以巴菲特的忠实信徒自居。而我私下里了解到，这些基金经理根本就不信巴菲特那一套。

其实，依照“价值投资大法”自我论证的逻辑，任何投资方法都可以自卖自夸，成为天下第一宝典。将这样的逻辑再夸张

变形一下，可以看得更清晰一些。炼丹可以令人长生不老——你看到的都是炼丹的失败者，而成功者你是看不到的，都在天上飞呢！

每一种投资领域的方法论，无论是波浪理论、道氏理论，还是量化分析理论，都曾经有过辉煌的成功案例和巨大影响力，这些理论同样可以“自我证明”没有失败者。以波浪理论为例子，几乎玄妙得和《道德经》一样。A 浪、B 浪、C 浪、D 浪，如何数，从哪里开始数，没有定论。如果你亏了本，一定是数错了。不是波浪理论不行，而是你修行不到家。再如巴菲特对中石油 H 股的投资，如果使用趋势投资法，趋势不变就一直持有的话，巴菲特的收益率很可能再多一倍。至少在这个案例上，价值投资法不及趋势投资法。其实，这些工具之所以能够长期存在，就是因为有时很准，有时不准。准，才有信徒；不准，才有神秘性。价值投资法丝毫也没有超越这些投资理论，只是巴菲特作为形象代言人依旧占据着主流话语权，更善于将其神秘化和宗教化。

巴菲特试图说明价值投资法比其他投资方法的成功率更高，实际上并没有足够的论据来支撑这一说法。看一看美国股市以价值为导向的共同基金，他们的表现并不能够超越市场，而在中国标榜价值投资者的账单同样令巴菲特的拥趸们尴尬。明明是缺少逻辑支撑的投资方法，偏偏被包装成了最符合逻辑的投资方法，而公众舆论和公众意识非但懵然无知，更被忽悠得如奉神明。

巴菲特声称，投资股票就是买好的企业，稳定成长的优质企业。这首先是正确的废话，并没有什么现实操作意义。只有从鱼龙混杂的众多企业中发现有发展前景的投资目标才有现实意义。也就是说，价值投资的实际意义在于发现好的公司。然后，正是在这个问题上，价值投资者并不能表现得比其他流派更优秀。企业的财务报表是死的，而企业和企业的生存竞争环境却是千变万化的。根据企业的财务报告去判别企业的未来，说到底，也还是看着倒车镜开车。

价值投资者最推崇的是长期持有优质资产，而实际上，真正的优质资产是非常少的，且不说当年美国的“漂亮 50”早已成明日黄花，就是那些近年来风光一时的明星公司也有很大的不确定性。所谓三十年河东，三十年河西，市场竞争的环境变化的周期和频率越来越快，巴菲特真正长期持有的股票也就是那么几只而已。在不确定的投资世界里，价值投资者似乎表现得更有逻辑性，更沉稳淡定，长期持股似乎能熨平和减少投资的风险，但实际上这只是一种错觉。

网上有一篇署名“一抛就涨”的文章《还原巴菲特的部分真相》，作者认为巴菲特的价值投资法自诩为最符合逻辑，其实，价值投资并不比技术分析更高明。这篇文章还揭穿了价值投资对于现金流的谎言。“如果说，价值投资者们看重未来的现金流量，那么，这些行业的比较优秀的公司其现金流量都相当稳定，应该受到市场欢迎才对，为什么资本市场反而对它们普遍缺乏兴趣？根本的原因并不是成长率，而是它们的业绩太可预测了。也就是说，它们与大环境不匹配，缺乏不确定性或概率性，也就缺乏炒作或套利的基础，因为尽管价值投资者们口口声声投资实业投资企业，但如果他们知道只有净现金流的价值时，他们是打死也不要这种‘价值’的。”

我们在前面考察了巴菲特的投资个案，能清晰地看到巴菲特的更真实的投资大法，这个投资大法和价值投资往往南辕北辙。巴菲特投资的股票情商更高，智商更高，财商更高，就是因为巴菲特玩的是帝王级的金权游戏，小散户无论如何也无法偷窥，更无法模仿。

## 为什么中国没有巴菲特

为什么中国没有巴菲特？这也算是中国股市的“钱学森之问”吧。

中欧商学院许小年教授说，答案如同沙漠里种不成庄稼一样，皆由土壤和气候所致，与种子并无太大关系。这种说法有道理，但也不全面。

纵观美国 20 世纪的股市行情，大致可以平均地分为前半数和后半数。前 50 年中，尽管美国经济引领全球，金融市场动荡不安，大萧条更是创深痛剧，大牛市只有 7 年，猴市断续有 13 年，而熊市贯通长达 30 年，巴菲特如果买进不动，结果很可能是头破血流。如果我们再把时间上推到 19 世纪，美国几乎每十年就经历一次萧条，更不可能产生巴菲特。

20 世纪后 50 年，科技创新与金融创新双轮驱动，传统实体经济与新经济滚动发展，催生美国股市孕育了 33 年的牛市行情。价值投资理论主要成型于 20 世纪六七十年代，是长期大牛市的时代产物，是时代机遇、环境条件、个人天赋等众多因素共同造就的神话。将这个投资理论移植到 20 世纪前 50 年的美国股市，巴菲特无法成功；而在后 50 年，也没有第二个人，能够运用这一投资理论去复制，哪怕是一个山寨版的巴菲特神话。

正是因为有这个前提，巴菲特的投资行为基本无视“牛市”或“熊市”，巴菲特不必担心宏观经济的系统性、制度性、结构性风险。他有理由排除“市场先生”的情绪对自己判断的影响，

“不会有一毛钱的投资是基于宏观经济预期的”。他一再告诫人们，要从最微观的角度发现投资价值，用最简单的方法感悟市场理性，用最平和的心态捕捉盈利机会，为什么？很简单，大气候滋润，天气良好，投资市场的生态环境稳定。

千万不要忘了，巴菲特不是科学家，不是经济理论家，他只是商人，是大资本家，是在资本市场以千万普通投资者为对手的博弈者！他的投资哲学就是美国人市场利润最大化的投资哲学。这里面没有任何他所标榜的有着人性化光环的价值投资，其本质就是企业利润最大化的价格投资，并且最终把在市场上的资本胜负，完全转化成美元现金。

我们如果看看巴菲特给读者的信就能发现，他对于价值投资的信仰近乎宗教崇拜，似乎价值投资能够超越时空，如同开普勒定律或是牛顿定律，是普世的，也是永恒的。实际上，价值投资理论只是资本市场的盈利模型，是形而下的赚钱工具，如果市场在流变，即便对于理论模型的倡导一成不变，把自己禁锢在格雷厄姆或者是费雪的理论框架里，巴菲特也同样会被淘汰。巴菲特对金融杠杆“闻起来臭吃起来香”的偏好，对自己并不熟悉的高科技领域的投资，就是这种审时度势、与时俱进的体现。

分析种子的环境和土壤，固然能在一定程度上解读“中国为什么没有巴菲特”的问题，但始终有“在盒子中思考”的局限性，独立经济学家金岩石写过一篇“中国股市为什么不会产生巴菲特”的文章，给出了自己的独特答案——中国股市中的巴菲特信徒们一开始就站错了位置。

巴菲特的价值投资理论虽然自成体系，但是，一旦落实到具体实践中，除了最核心的“巴菲特不确定性悖谬”之外，其自相矛盾的悖谬之处就时隐时现，无处不在。巴菲特对“巴菲特主义”的背叛常常让“巴菲特价值投资原教旨主义者”们目瞪口呆，茫

然失措，也让那些吃巴菲特饭的“巴菲特修正主义者”不停地对“经典巴菲特理论”进行歪曲或修正。巴菲特的聪明之处在于，他的每一次忽悠，都有相应的坦率的实话来“对冲”，以供他的信徒和拥趸们做选择性的辩护。

巴菲特悖论中最有名的一句是：“在别人贪婪时恐惧，在别人恐惧时贪婪。”我始终认为这是一句比“克里特岛人是否说谎”的悖论在哲学上更有价值。“别人”是谁？如果“别人”就是巴菲特，巴菲特贪婪，我是应该跟着巴菲特一起贪婪，还是要像巴菲特说的那样反其道而行之？

金岩石“站在盒子外面”，给出的答案是：别人就是炒股票的人，而他是股海局外人！价值导师原来与价值信徒不是一个物种——这个结论难道不足以让巴菲特价值投资理论的拥趸们醒悟吗！

中国股市造就的普通股民的盈利模式非常简单，基本特征就是高抛低吸，零和游戏，投“票”博弈，是精髓。巴菲特的盈利模式则是一个复杂的商业模式，投“人”经营，股权投资是精髓，其中，低成本乃至负成本的保险浮存金是其关键。浮存金派生出两项投资业务：一是股票投资；二是股权投资，包括收购兼并，整合出售。其中，股票投资的年均回报是最低的。与其说巴菲特是股神，不如说巴菲特是 个成功的股权投资家。

金岩石认为，用股票投资获得暴利的故事来证明自己是“巴菲特”其实很滑稽，因为巴菲特的股票投资并不追求暴利；用中国的经济增长和资产重估来支持死了都不卖的“价值投资”更是无稽之谈，因为巴菲特“不会有一毛钱的投资是基于宏观经济预期的”。他一再告诫人们，要从最微观的角度发现投资价值，用最简单的方法感悟市场理性，用最平和的心态捕捉盈利机会，这三个“最”字就是巴菲特的投资秘诀。所以，要想成为巴菲特的信徒，第一要把电脑扔出窗外，第二永远不要看K线图，第三绝不追随华尔街的分析师。巴菲特是一个经常站在股市之外的股权投资家，股权投资产业追求的是企业的经营价值，而企业的经营价值 = 管理团队 + 商业模式。所以，股权投资的成功秘诀是：第一投人，第二投人，第三还是投人！

股权投资的这一事实，能在很大程度上为价值投资“祛魅”。如早期投资“美国运通”，当1964年他将自己合伙公司的40％以上的资产买入这家公司的股票时，这家公司正处于1963年底的巨额诉讼，甚至公司总裁也认为“运通已经资不抵债”，但正是这家相当于“ST公司”的企业，在随后的4年中让巴菲特获益400%以上。此外，巴菲特投资华盛顿邮报、富国银行、政府雇员保险公司等案例，也都是在公司面临生死存亡或全行业不景气时。这些事件说明，“价值投资”并非总是去寻找蓝筹，它完全可以是发现“垃圾变蓝筹”的过程。现在，我们知道，巴菲特有将垃圾股票变为“超级三高”的“四大法宝”，巴菲特借助股权变更，对公司进行市场要素的优化重组，乌鸡变凤凰就是一个大概率。

巴菲特的成功是一种多元函数，而价值投资理论充其量只是一种催化剂而已。如果中国的小散户投资者执意模仿，只能获得个画虎不成反类犬的结果。

另外，“为什么中国没有巴菲特”这个问题似乎在暗示，中国股市没有巴菲特，而美国股市有。其实，美国也只有一个巴菲特，美国股市连一个巴菲特也没有！

许小年教授说，巴菲特的产生需要土壤和气候，与种子并无太大关系。其实，即便土壤和气候适宜，也未必能再产生一个巴菲特。他是环境的产物，是时代的产物，是天赋异禀，不是具备遗传基因的种子，而是一朵旷世奇葩！

回到本节的主题，中国为啥没有巴菲特？起码有三点原因：（1）起点太低，复利奇迹施展不开；（2）生不逢时，股市周期与经济周期乱了步伐，没有协调一致；（3）没有产生丰厚利润的环境，制度不允许。

巴菲特给出的研读财报、发现价值、长期持有的“简单”策略，在成熟市场或许有效，在草莽时代的中国股市则几乎无效。

## 多空博弈的体制失衡

一位朋友讲述了他女儿在美国上小学时练钢琴的故事。

刚学了几天，女儿就没有兴趣了。有一天放学后，女儿告诉她爸一个天大的秘密：“我是世界上钢琴弹得最棒的女孩。这是玛丽老师说的！”

爸爸笑笑说：“这是老师鼓励你呢！”

女儿反驳道：“玛丽老师是认真的，还对上帝发誓了呢！”

朋友的女儿吃了玛丽老师的“糖衣炮弹”，勤学苦练，果然进步神速，后来荣获了全美国中学生钢琴比赛大奖。巴菲特作为一个美国人，对中国股市和中国中小股民同样采取了美国式的吹捧式鼓励法。可惜，对以真金白银甚至身家性命投入股市的中国股民来说，巴菲特的“糖衣炮弹”只是安慰剂，或者说是麻醉剂。我想起另一位国际投资达人、有“投资骑士”之称的罗杰斯。无论何时何地，只要谈到中国，罗杰斯热爱溢美之情就如滔滔江水连绵不绝。同样是只有态度，没有理由。如果你只是看到那张可爱的笑脸，谁也搞不清说话的人是华尔街的，还是美中友好协会的。

巴菲特对中国股市的赞美就像是一条从浴池里拎出来的毛巾，没有多少干货。但他对美国的赞美却是一点儿水分也没有，有理有据，有历史有数据，有逻辑有分寸。作为超级坚定的唯“美”主义者，巴菲特的每个单词和意念都是砌在花岗岩上的。

“到现在为止，我们经历了经济大萧条、两次世界大战、流感病毒侵袭、石油危机。你数数看，所有这些糟糕的事情对美国经济都造成了这样那样的影响，但美国经济还是能达到 1/7 的增长点上。道·琼斯平均指数在 20 世纪以 66 开始，到现在是 10000 点左右。因此，还是有相当一部分体系运作得很好。这些体系可能是不完美的，但是它是有法律法规的，是我们所建立的符合人们需求的市场体系。”

在 2010 年公司年会次日召开的面对全球记者的新闻发布会上，巴菲特先生特意走到央视记者跟前，向记者展示他穿在身上的西装品牌，并特意指出这是来自中国本土的服装品牌。这个小小的“蝴蝶振翅”，立马在中国股市掀起相关概念股的爆炒风暴。

记者提问：“都说股市是经济的晴雨表，但是你看到现在为止中国股市都非常低迷，你怎么看待中国股市表现和经济发展情况的背离？”巴菲特是这么说的：“股市和经济不是每时每刻都紧密相连，但如果经济在很长一段时间内都向好，那么股市也会在很长一段时间内向好。如果经济不太好，那么股市也会不太好。但是具体每一周、每一月的变化我就不是那么在意，如果经济好，那么最后股市就会好。我并不知道市场明年或接下来两年怎么样。我并不想被称作是中国股市的专家，我不太了解中国股市。”

虽然不太了解，却一点儿也不妨碍他的吹捧式乐观表态：“我看好中国市场，不要计较短时期的情况。未来十年中国股市必将是世界之最。”因为找不到太多的理由，巴菲特选择了“机会”

这个词："中国存在各种各样的机会。"这句话更像是老师鼓励班级的倒数第一名，有潜力，有机会。可能只是礼节性外交辞令，也可能是有意无意地误导，但苦苦煎熬中的中国股民听了，却倍感温暖，倍感振奋，似乎中国股市"是站在地平线上遥望海中已经看得见桅杆尖头了的一支航船，它是立于高山之巅远看东方光芒四射喷薄欲出的一轮朝日，它是躁动于母腹中的快要成熟了的一个婴儿"。然而，残酷的现实一次次的伤害，最终让很多人哀莫大于心死，以致彻底绝望。

2011 年 5 月，中国概念股在美国被空头血腥猎杀，像好莱坞大片一样惊心动魄，作为 A 股市场的海外镜像，充分暴露出了 A 股市场所谓的价值真相，国人也借此机会近距离围观了美国股市的制度设计和生态境况。如果巴菲特对这事件稍加留意，他还会睁着眼睛说瞎话，坚持看好中国股市吗？

巴菲特价值投资理念的首要前提是发现真实的价值。美国市场的股票价值总是被空方和多方的对冲张力撕扯着，处于动态平衡状态；而中国的股票只能做多赚钱，价值自然有被高估的自然倾向，谁也不知道啥时候就突然变脸。

在中国概念股的暴跌中，IT 类股票相对抗跌，为什么呢？这是因为 IT 类公司的财务报表相对公开透明，IT 行业和亿万消费者紧密联系，流量、点击率、市场占有率可以通过相应的技术手段以及消费者的直观感受得到一定的监控，造假不那么容易。

美国股市这个"池塘"生态系统有着超级强大的自我净化功能，上市容易得很，基本来者不拒，但上市后不好混，投资者、对冲基金、事务所、媒体、交易所一天到晚盯着你，你的蛋上稍微露条缝，就会有苍蝇来叮。价值的体现是经过充分的市场博弈的结果，一只股票从 100 元跌到几毛钱是很正常的，被叮破了，除了自己的业绩，没有任何力量能救你，没人为你的股价背书，你的壳就是没人要的鸡蛋壳。

美国资本市场的逻辑是：不认为交易所、监管部门有能力甚至有义务通过上市审核把控公司的质量，他们把鉴别好公司坏公司的事情交给投资者自己。甚至上市以后，监管方和交易所也只管信息披露，对上市公司的监管更多是依赖投资者和第三方市场力量自己完成的。

在中国上市不容易，过五关斩六将，从市场营销到官场捭阖。而一旦上市，就是珠峰登顶成功，塑成不败金身，主营业务再烂都还有不错的股价，实在不行了，搞个卖壳重组概念，还能拉上10个涨停板。躲在“护城河”后面的巴菲特如果知道中国股市的种种“特色”，又该如何评论？

中国的股市制度非但没能阻止造假，反而在为“伪价值”提供体制性保护的过程中，扩展了广阔的寻租空间。财经观察家叶檀女士对中国式“造假”深恶痛绝：“因为造假，中国的货币信用市场成为抵押品交换市场；因为造假，中国的债券市场的评级成为一个评级只会上升不会下降的大笑话；因为造假，中国的上市公司在国际上普遍折价；因为造假，中国的证券市场迄今未能培育出微软、苹果等伟大的上市公司；因为造假，三聚氰胺泛滥成灾，中国在国际上无法得到尊重——这一切都会导致社会与经济运作成本的上升，安全成本上升、调查成本上升、融资成本上升。捞一票就走的末世心态开始主导市场。”“市场造假猖獗，中介机构渎职，监管之形同虚设。劣币驱逐良币成为市场通则。”

制造华尔街史上最大庞氏骗局的伯纳德·麦道夫被纽约南区联邦法院判处罚款1700亿美元和150年监禁。在监管当局严惩之前，造假者已经被市场的做空者揭了一层皮。做空者未必是好

人，利用制度的对冲机制，通过惩罚造假者奖赏了自己。这就像啄木鸟未必是什么真心实意的“好鸟”，但是，中饱私囊的本能却有利于整个森林的生态平衡。

在美国造假者面临的是官方和市场的双重风险和双重惩罚，其违法乱纪成本之高可见一斑。也正因为如此，巴菲特才能够放心地在家里看报纸，看报表，而不太担心报表上的陷阱。让巴菲特看看中国上市公司的年报，他能看出什么价值，能看出什么端倪?

复旦大学教授谢百三说:“中国股市不是经济的晴雨表，没有做空机制，没有合法做市商，没有放大垫头交易，交易所不是公司制、股份制，行政调控色彩较浓，股权分置，还有30%的国家股法人股没出来，人民币不能完全自由兑换，是个封闭的股市。”

环境与制度的差异也让巴菲特的价值投资理论在中国市场南橘北枳，水土不服。

## 水土不服的价值投资理念

2011年12月14日是一个值得纪念的日子，上证综指午盘收在2245点，对应10年前2001年6月牛市最高点2245点，这就意味着，上证综指在中国经济高速增长的快车道里，跌跌撞撞、气喘吁吁地奔跑了十年后，终点又回到起点——画上了一个漂亮而封闭的圆。一时间，从官员到草根股民，从官媒到网络，朝野江湖，热议蜂起，“价值投资”四字成为关键词。

有人在微博上说，巴菲特坑爹啊——三年前俺就开始模仿巴菲特：喝百事可乐、吃牛肉汉堡、坚持简单生活、每天坚持阅读《中国证券报》、《证券时报》、《财经时报》，选股票侧重基本面重仓长期持有。现在，俺除了亏损60%外，一切都很像巴菲特了。

按理说，"股神"的价值投资理念应该体现"股神"的市场智慧，散户们如果按照他的方法应该获利才是啊。可是，实际上呢，几乎都失败了。信奉价值投资理论的专业投资者同样折戟沉沙，惨不忍睹。作为中国的价值投资旗手，东方港湾投资公司的但斌坚持持股不动，在2008年遭遇惨败，聪明者如赵丹阳"金盆洗手"，去赴"巴菲特午餐"。现在，有更多的人认识到"价值投资"的噱头坑害了中国股民。

前证监会主席郭树清批评证券公司的研究能力水平低，无论对宏观经济还是上市公司，分析能力都比较弱，市场影响力较小，难以形成价值投资的引导作用——作为中国投资市场的主导意识形态，价值投资理念始终掌握着主流话语权，这并不奇怪。有意思的看点是，有着证券分析业"教父"地位的天相投资顾问有限公司董事长林义相发表微博称，长期价值投资彻底破产。这就像是布鲁图斯行刺恺撒，多年的忠诚被忍无可忍的痛苦煎熬一举击溃。

相比中国股市，"股市舆论"的市场化程度要高得多。有一派言论"出位"，自然有另一派言论来"对冲"。貌似公允的论调就是，否定价值论，就是把"孩子和脏水一起泼了"。他们认为，拿上一轮牛市的高点和本轮熊市的低点对比，就得出股市不能反映经济成长的逻辑是站不住脚的。从2003年到2010年，经济经历了两轮大的周期，期间上证指数的年化复合回报率为9.9%，同GDP的复合增长率水平大致相当。从这个角度看，股市并没有脱离经济晴雨表的范畴，是有价值的。问题是，对于普通投资者

而言，如此的宏观经济表现并不能带来切实的股市投资收益。但是，如果将上证股票作为一个整体来看待的话，十年的投资价值显然为零。

依照经典的价值投资理论来看，价值投资就是选择有长期竞争优势的企业，并以合理的价格买入，这些企业能够超越周期并给投资者带来惊人的回报。但什么叫“合理”？如果依照修正过的价值投资理论来看，价值投资不能只是简单地低位买入并长期持有，也可阶段性持有。阶段性是多长时间？一年还是一周？无论是“合理”还是“阶段性”，都是含糊其辞的开放性概念。

价值投资理论作为一种方法，自然无可厚非。如果将其神化，并且照搬到国内，奉为普遍有效的投资宝典，显然会出现水土不服的状况。这样水土不服，可能主要由几个方面造成的：

1. 诚信文化缺失。监管不力、黑幕重重、虚假报表、信息不对称、黑天鹅泛滥等。

2. 对冲工具缺失。没有像股指期货之类套期保值的工具，唯有上涨才能获利，单边市大行其道。可有了融资融券和股指期货之后，对冲却只在大市值股票发生了，往日的大蓝筹走势更弱，中小盘仍延续着单边行情。其间多次所谓风格转换，事后证明不过是用大盘股调控指数，掩护中小盘股票出货。

3. 立市动机偏差。股市最初开设的目的是为了国企脱贫解困，降低国家的负担。上市公司只顾圈钱，不图回报，加上大量的股份不流通，并且上市成本异常低廉等，一开始的定位就注定了股市投资中绝大多数人的悲惨结果：“一赢二平七亏。”

4. 政策市。

这四条与美国股票市场迥然不同的特征，使得诞生于成熟市场的操作体系必然遭到不同市场环境的排斥，以这种理论去选股炒股，其结果可想而知。

若考察万科、茅台、苏宁、张裕这些大牛股，似乎也折射着价值投资的光芒，但这样的样本在2000多只股票中是凤毛麟角，少之又少。《新财富》2011年6月《巴菲特术与道——中国投资人学不来》一文中统计：“A股15年前共有256家小型股，到目前只有6家成长为大型股，占比2.3%；10年前共有813家小型股，到目前只有23家成长为大型股，占比2.8%。”

少有可供长期投资的价值股，中国投资人学习巴菲特投资理念只能流于表面和形式，甚至沦为空谈。更为尴尬的是，即使A股市场已有足够多的具有长期投资价值的公司，中国投资人目前却无法像巴菲特那样拥有可持续使用数十年的长期资金。

价值投资理论为什么在中国股市水土不服？我想，除了探究环境与制度的因素外，还可以跳出惯性思维，做这样的大胆猜测：价值投资理念永远不会错，只是使用的人错了，价值投资只适合“股神”巴菲特自己，除他之外的所有投资者都学不会。价值投资理论被巴菲特无限拔高和神化，使其成了巴菲特的障眼法，用以包裹“法宝”与“三高”等独特的商业优势，忽悠股民为自己抬轿子。巴菲特赚的钱，很大程度上就是普通投资者损失的钱。又因为别人学不会，所以，巴菲特才会不遗余力地推广，希望在股市投资这个博弈平台上人人都是赢家，就像他曾经挖苦的那样：“我们四个人打牌，争取人人都赢钱。”

## 股民啥时能说“欢迎，价值先生！”

巴菲特的价值投资理论的信徒和拥趸们像士兵一样坚守着破

败的“价值城堡”,但你们有没有想过,谁是你们坚守“价值城堡”的最大受益人?

先看一篇某私募基金经理写的网文:

市场牛或熊跟我们有什么关系呢?价值投资的旗子我们要继续举下去,是真价值投资还是假价值投资对我们重要吗?重要的是让客户相信我们。

虽然我们给客户买的是股票,但是我们要灌输给客户他买的是股权,不要担心客户不接受,客户要真正懂投资,也不会来找我们。

只有让客户接受自己买的是股权,他的钱才可能是我们的钱,我们首批客户签的都是10年,这是我们的基本经营思路。

华尔街前辈早就告诉过我们,这个市场上傻瓜永远存在,只要坚持跟他讲价值投资,你让他相信有价值公司,相信要长期投资,你赶他走他都不走。

这样,他的钱就慢慢变成我们的钱。

我们为什么要宣传和强调长期股权投资?我们为什么基本上只买不卖?我们为什么不担心市场是牛是熊?我们的盈利方式其实是管理费,客户的股权长期在我们这儿,我们就可以长期拿管理费。

在中国,要搞好私募,有两面旗子要高举:一面是价值投资,一面就是爱国。巴菲特其实卖出过无数股票,几十年长期保留下来的也就七八只,但是我们为什么要反复跟客户灌输和强调那七八只股票,而绝对不提那卖出过的数十只股票?秘诀就在这里:我们就是要让客户相信价值投资就是长期投资,长期持有。客户长期持有对于我们就是长期盈利。说白了,就是长期提管理费。我早就说了,客户要是真懂投资就不会来找我们，你说的真诚一点，连傻瓜都会相信。

不要害怕别人不信，我的博客的人气就是最好的证明，还是华尔街那句老话：傻瓜永远存在，傻瓜永远比聪明人多得多。

玩别人的钱，让别人去笑去哭吧！我们还是喜欢安心赚钱！

股民朋友，你看过此文之后有什么感受？你要承认，这位经理一没有犯法，二没有违规，无论在中国还是美国，都是纯粹的市场行为。富人有钱，我帮你做精神按摩，拿点小费，这难道有什么问题吗？

这篇网文的价值在于揭示了巴菲特价值投资理论在中国股市早已变态为利益集团的忽悠手段。那些最热爱巴菲特、热情讴歌巴菲特的人，其实就是最大的获益者——我们股民所说的“庄家”。他们就是郎咸平所说的“铁三角”：第一个是券商、机构投资人，第二个是保荐人，第三个是上市公司大股东。

中国证券市场的上半场前10年，在条件不成熟时抢到了发展先机，但也不断累积制度欠债。“既然出来混，日后总要还。”第二个10年，市场进入了制度债的偿还阶段。伴随着市场舆论，旨在指导市场改革发展、保护中小投资者的政策不断出台。但吊诡的是，市场本身没有完善，却染上了“政策市”的怪脾气。

1999年6月15日，《人民日报》一篇《坚定信心，规范发展》，让低迷的股市展开一轮大行情；2007年7月21日，《人民日报》发文《中央祭出组合拳，股市不会剧变》，7月23日沪指上涨3.81%；2008年4月7日，《人民日报》发文《股市怎样走出大起大落》，当日沪指上涨4.45%。

2012年1月9日，A股市场因温家宝总理关于“促进一级市场和二级市场协调健康发展，提振股市信心”的言论而大涨，深

成指以 3.61% 的涨幅创出近一年来最大单日涨幅。对于如此情绪化的股市，中欧国际工商学院经济学与金融学教授许小年在盘后发布微博称："这样的市场只是领导的体温计，绝不可能是国民经济的晴雨表。"

如果说股市是经济的晴雨表，那么，股市里的指南针自然就是"价值论"。然而，在中国，晴雨表早已失灵，指南针早已丢魂，对价值投资者来说，纵有天大的本领，也还是个无头苍蝇。我从来就没有全盘否认巴菲特的"价值论"，只是希望普通投资者能够认清"价值论"的工具性本质及其他的前提和使用条件。否则，不考虑客观条件，一味手捧罗盘针，只能是晕头转向，很可能跌入万劫不复的深渊。

郭树清提出 IPO 不审行不行？虽然是弱弱的一声试探，却直指体制的命门。中国市场是否也会像美国那样实行等级制度？答案一目了然。前途是光明的，道路是曲折的。一个制度的完善不是一朝一夕所能完成的，而只有适合"价值论"的制度环境在中国出现，"价值论"才可能体现它应有的价值。

有人问，依照你的说法，我们就不炒股了？非也！如果说玩价值投资的人成了牺牲的主角，而没有价值思维包袱的人却赚了钱，我们该怎么办？很简单，扭转我们的投资思维频道，利用伪价值投资市场的潜规则参与市场博弈。如果每个炒股者都如此，或许真正的价值时代还能够早日到来。

希望有一天，我们会全体起立，掌声雷动——欢迎，巴菲特！欢迎，价值先生！

幕间茶话

## 当之无愧的最佳编剧奖

“前一阵子我到青岛被忽悠了一下。在栈桥，一个‘渔民’兄弟卖海螺，讨价还价，70元成交。结果导游看也不看就说是假的，是‘嘎啦’（青岛人称蛤蜊为‘嘎啦’）磨成粉压模的。这样的海螺只有热带海洋才有，北方的水冷，不可能有。你说我郁闷不？”我跟牛卫东说。

“亏你还在海南待了三年呢，这点常识也没有？”牛卫东幸灾乐祸地说。

“兜在一个大渔网里，水淋淋的，还挂着海草呢！嗨，就怪导游多嘴，破坏了我的好心情。”

“你被忽悠了70元，我被忽悠了70万元，可能也说不上是忽悠吧。前阵子在拍卖会上花70万元买了一幅油画，很可疑。不过，两三年再翻一倍问题不大。”

“赝品也敢买？”我问到。

“赝品有标准吗？市场说是真就是真，不真也真；市场说假就是假，不假也假，横批——市场说了算。哈哈。”

“造假者就没有违法的代价吗？”我问。

“拍卖公司有权拒绝提供赝品的来源，实际上保护了制假者。”牛卫东说：“赝品被包装，步入流通环节，接着便是造势。‘故事’、名家鉴定、图册宣传必不可少。”

“A股市场和乱象丛生的艺术品市场真的很像。”我突然醒

悟道："艺术品市场再乱都比股市强！艺术品市场好歹是市场定价、资本定价，不伤害中小投资者。我们作为市场参与者也只是搏一个趋势投资的大概率而已。不像中国股市是特权定价，让巴菲特的信徒们垫了背。"

我叹道："真是斯文扫地，价值沦丧。"

"可别又跟我扯什么价值哦。坚固的'价值'早已烟消云散了。"牛卫东顿了一下，球形发散思维又迸发出来了："地球人都知道，足球分两种：足球和中国足球。股市有两种：股市和中国股市。股市里的价值观也有两种：一种是巴菲特价值观，还有一种叫赚钱价值观。"

# 第六章　躺在“沙滩椅”上赚大钱

## 还在为“投机”、“投资”纠结吗

作为股评节目特邀嘉宾，我最反感的提问是：明天大盘是涨还是跌？作为一个业余投资者，我觉得最无聊的问题就是：“你是投资还是投机？”

在传统观念里，“投资”还是“投机”，这似乎是一个大是大非、非白即黑的问题。君子爱财取之有道，投资就是王道，投机就是旁门左道。但仔细考量一下，“投资”和“投机”区别到底在哪里？仁者见仁智者见智，答案越多，就越没有答案。

依照巴菲特宣扬的投资观，首要的前提是长期持有，HOLD 住。前面我们说过，巴菲特之所以能够 HOID 住，是因为他和散户不一样，就像是一池热水，青蛙和鳄鱼谁更能 HOLD 住？这与观念、意志、精神品格关系不大，根本上是由自身条件所决定的。

我们也可以较真一下。第一天买，第二天卖是投机，那么，第三天卖呢，第四天、第五天卖呢？直到第 N 天肯定就是投资了，这个 N 到底是多少？巴菲特能给出一个确切的数字吗？巴菲特给出的“N”是永远，连自己也做不到。于是，在普洛克路斯忒斯式的巴菲特修正主义者的诠释下，巴菲特最常干的阶段性减持也就成了投资。

一个人买进了一只股票，全然不知道这家上市公司是做什么的，一放二十年，算不算是投资？还有一类人，短效炒作，追涨杀跌，但是，他对于每只股票的基本面都有透彻研究，这算是投资还是投机？投资与投机的区别在哪里？巴菲特的老师本杰明·格雷厄姆试图从风险与道德两个层面给出答案，但也体现了同时作为市场参与者和道德骑士的纠结与尴尬。

巴菲特奉为圭臬的格雷厄姆的价值投资观就是寻找股价低于实际价值的股票。如果能确定股票的实际价值，这项投资简直就是瓮中捉鳖，万无一失。问题是，谁知道股票的实际价值呢？这毫无风险、稳赚不赔的美事能称为投资吗？

格雷厄姆认为："完全的投机既不合法也不道德，并且（绝大多数人）也不能通过它致富"。不用多做辩驳，投机发财的人多了去了。格雷厄姆又认为："某些投机也是必要的和不可避免的，风险必须有人来承担。"他承认投机也是必要的，那么，把投机这样的不道德的事情让别人去做，这本身是否也有道德上的疑问？格雷厄姆无法说明投资者就是道德的，自然也就不能说明投机者是不道德的。

另外，格雷厄姆论述的是"完全的投机"和"完全的投资"，这如同自然界中的纯净水一样，并不是常态，现实意义不大。即便对于投机风险，格雷厄姆也进行了"对冲"——"就像有理性投资一样，也有理性投机"，既然是理性投机，那么，就能有效地防范和控制风险！

巴菲特把格雷厄姆奉为耶稣，自己则是保罗。他说，当年读《聪明的投资者》，就像正在走向大马士革的保罗遇到耶稣，从此皈依基督。巴菲特继承了格雷厄姆的价值投资论，一杆杏黄旗上大书"买入好股票并永远持有"几个大字，纵横江湖几十年。在投资与投机的理念阐述上，巴菲特同样继承了师傅的思维特征，就是给出多少"答案"，也就相应地给出多少"负答案"或"反答案"，完全是自相矛盾。

巴菲特早期服膺格雷厄姆的价值论，钟情"雪茄屁股"类价

值型股票，而忽略成长型股票。但是，巴菲特很快就与时俱进。他说：“‘价值’和‘成长性’是一种模糊的概念，严格区别没有太大的必要，因为成长总是价值评估的一部分。”

市场是否有效的问题，也是巴菲特热衷参与的一场有关价值论的辩论会。巴菲特曾把笃信有效市场理论的学者揶揄为当年的“地球平面说”的信徒。但巴菲特的名言“别再预测股市走向、经济、利率以及选举结果了”，分明是典型的市场有效论，告诫投资者要接受市场价格。

考察巴菲特的核心价值论“做多价值被低估的资产，做空价值被高估的资产”，我们能得出什么结论呢？因为市场无效，才有做多或做空的机会；因为市场无效，才有兑现做多或做空的机会。真是扯不清的一笔糊涂账。

巴菲特的价值理论是通过价格趋同价值来实现的，那么，价格的高低自然十分重要。为了等待一个适合的价格，他宁可拧着球棒等上几年也不接那些接二连三飞过来的棒球。他给人的印象是“只买对的，不买贵的”。但即便是自我标榜价值投资者的同道中人，对巴菲特价值策略的认识分歧也十分巨大。对冲基金欧米茄顾问公司（Omega Advisors）的创立人利昂·库珀曼（Leon Cooperman）曾拿巴菲特作为对比来总结自己投资的策略：“巴菲特的策略是以任何价格买进对的股票和债券，而我则是以对的价格买进任何股票和债券。”好像巴菲特“只买对的，不问贵贱”。

巴菲特可以像中世纪神学家那样，讨论天堂里的玫瑰有没有刺，针尖上能容纳几个天使跳舞，高深莫测，令人心醉神迷。巴菲特自己从来就不会把这当一回事，却苦了自己的拥趸和信徒们，他们掉进这么一个玄而又玄的思辨陷阱里，该是多么无助和绝望啊。

常有人用投机者的悲惨结局来反证巴菲特价值理论的真理性，其实也很成问题。

我曾和朋友聊起《股票作手回忆录》的主角原型利维摩尔，一个华尔街历史上空前成功、1940 年却在一间旅馆的衣帽间吞枪自杀的投机天才。

“利维摩尔的人生大格局错了。”朋友说，“凭着他的声望和技术，完全有可能东山再起。或许，他厌倦了；或许，他失去了生活勇气。总之，他的最终失败，属于人生悲剧，与投资或许有直接关系，或许没有直接关系，硬要把他的悲剧同投机联系在一起，就有些牵强。利维摩尔的自杀，不过是‘投资有风险’的最好注脚，而无法得出‘像利维摩尔一样投机迟早会有类似下场’的必然结论。”

江恩在他的《华尔街四十五年》里写道：“利维摩尔赚了一大笔钱以后，就不再稳妥地进行交易。他贪心，有权力欲，试图让市场跟着他的意愿走，而不是等待市场自然地转势。利维摩尔的故事与其说是股市教训，不如说是人生教训。没有任何证据表明，是投机置利维摩尔于死地，也没有任何证据表明，做了巴菲特的信徒，就永远不会倾家荡产。”

价值——价格；长期持有——波段操作；价值投资——价格投机；市场有效——市场无效；基本面——技术面；价值股——成长股；股票投资——股权投资；价值投资——大概率趋势博弈……这些概念像盘丝洞里蜘蛛精吐出的丝紧紧裹着猪八戒一样，看似轻巧，实为枷锁。要想摆脱困境，解放思想，轻装上阵，只有使用“奥卡姆剃刀”。

## 简化你的赚钱思维

在说“奥卡姆剃刀”之前，先介绍一下奥卡姆的精神始祖——马其顿王亚历山大。

公元前 334 年，马其顿王亚历山大率军远征波斯，进入小亚细亚北部城市戈尔迪乌姆。戈尔迪乌姆的卫城有一座宙斯神庙，庙内有一辆战车，车轭和车辕之间用山茱萸绳结成一个绳扣——几百年无人能解的“戈尔迪乌姆之结”。神谕说：谁能解开这个绳结，谁就能成为亚细亚之王。亚历山大只稍微想了一下，手起剑落，把绳索斩断——他不屑费心思去解决。

经过哲学家的锻造，亚历山大之刀演化为寒芒四射的化繁为简的思维之刀——“奥卡姆剃刀”。公元 14 世纪，哲学界关于“共相”、“本质”之类的争吵让英国的奥卡姆感到厌倦。他著书立说，主张“思维经济原则”，“如无必要，勿增实体”。这一理念被称为“奥卡姆剃刀”。剃刀一出，谁与争锋？科学、哲学被清清爽爽地从纠缠不清的经院哲学和基督教神学中割离出来，进而引发了欧洲的文艺复兴和宗教改革。

“奥卡姆剃刀”吹毛断发，剃去了不少科学史上影响甚巨的科学概念。

“以太”是希腊语，原意为上层的空气，指在天上的神所呼吸的空气。17 世纪的哲学家笛卡尔最先将“以太”引入科学。物体之间的所有作用力都必须通过某种中间媒介物质来传递，不存在任何超距作用。但后来的实验和理论表明，如果不假定“以太”的存在，很多物理现象可以有更为简单的解释。在18世纪被放弃的科学概念还有燃素说、热质说等。

暗物质，和以太、燃素一样，还有驱动宇宙加速膨胀的“暗能量”，这些概念本身只是我们解释世界的一个宏大寓言故事的一个小角色，一个假设的概念拐杖，而非永恒的确定不移的存在。只要他们还在发挥影响，就一刻也不能摆脱“剃刀”的考验。

我们用奥卡姆剃刀来简化一下复杂的价值投资理念，看看最基础的材料——价值。

“生命诚可贵，爱情价更高，若为自由故，二者皆可抛。”裴多菲的这句诗大家都熟悉，说的就是价值的问题。同样的一首诗，对不同时期、不同的读者来说都有不同的理解，也就是有不同的价值。同样一杯水和一块黄金，对干渴的沙漠旅人和集镇小贩来说，其价值绝对是不一样的。

何谓价值？任何试图给出终极答案的努力，都是盲人摸象，似是而非！生命、爱情、自由、水、黄金，对不同时空的人来说具有不同的“效用”，因此也对应不同的价值。一只股票价值几何？对其价值本身的认识、理解、期待都构成了一个个不同的“效用”，没有统一的“效用”，只有统一“效用”的合力体现——价格。

我们交易的不是价值，我们获取的也不是抽象的价值，我们的依据是价格，我们消费时支付的也是价格。说到底，价值论只是我们在股市赚钱的工具。如果这个工具不好用，那么它无论多么贵重，对于劳动者来说都没有价值。

依照马克思主义政治经济学理论，商品价值可以分为使用价值和交换价值。使用价值决定了股票的价值，而交换价值决定了股票的价格。股票有什么使用价值？或许有，或许没有，不必为此再作天堂玫瑰式的经院哲学辩论。股票的交换价值是显而易见的。金融市场并不创造财富，只是交换财富，我们所有的收益都

是交换的结果，那么，我们为什么不可以摒弃“价值”概念，或者以“价格”概念来统领“一套人马两块牌子呢”？

如果抹平了“价值”与“价格”的人为鸿沟，那么，投资和投机的界限也就自然消失。路易十五说他闻不出厕所税的气味。对投资者而言，不犯法地赚钱，就是硬道理。投资追求投资价值，投机追求交易价值，投资和投机又何尝不是一枚银币的两面？

在这个问题上，巴菲特再次耍起了“对冲”所有的价值投资观念的言论，尽显其看似坦率实则无赖的嘴脸：“我认为‘价值投资’这种说法是多余的。如果投资不是寻找足以证明投入的资金是正确的价值的行为，那么，什么是投资？如果你选择为一只股票支付高于其价值的钱，希望马上能以更高的价格卖出，那么你就是在投机（我们认为，这样做既违反规则，伤风败俗，也不能获利）。”其实很简单，失败的投资就是投机，赚钱的投资就是价值投资。

从这个意义上说，我们要学的不是巴菲特的投资技巧，而是巴菲特的深入骨髓的投机技巧。法无定法，不拘泥于任何理论，到什么山上唱什么歌，这才是巴菲特成功的真相。

捷克经济学家托马斯·赛德拉切克说，哪怕是最复杂的数学模型，实际上都是一篇故事，一则寓言，都是我们理性地把握周围的世界的努力。如果将模型视为标准，则是刻舟求剑，缘木求鱼了。否则，我们就无法解释，那些头头是道的专家学者，包括经济学家和股评家为什么不下海捞钱呢？

从理论家到成功投资者之间的思维转化，好比从猿到人的跨越。其间最有效的工具，就是奥卡姆剃刀。

格雷厄姆曾经被淹没在企业财务报表等公开信息的大海中，时常遭遇信息陷阱。也许行业看似红火实际上在衰退，也许管理队伍阵容齐整实际上却不胜任，也许某一个竞争因某一个漂亮的产品而横空出世，掠尽市场眼球，而种种的不确定性因素在年报中根本就没有踪影。

最终，格雷厄姆决定“开保险公司”——如果看好某一类股票，就一揽子购买十只，虽然不能保证每一只股票都能赚钱，但其结果的胜算也是大概率。这实际上就是保险公司精算师的思维。精算思想的核心就是概率思维、博弈思维了。

巴菲特是如何做到避免这些年报中的信息雷区呢？他没有特异功能，但他在帝王级别的金权圈子里，能依靠“巴菲特公主热线”，最大限度地避免“黑天鹅事件”的出现。所以，他可以集中投资，可以把所有的鸡蛋放在一个篮子里，然后看好它。他的“四大法宝”决定了他的股票有“超级三高”，但是，他秘而不宣，嘴上高唱价值投资的红歌，却做了很多市场投机的事情。

周密严谨的价值投资者时常沮丧，被无数的幻象所包裹，每当他的左手有一百个理由看多的时候，他的右手也有一百个看空的理由。你没有一把剃刀防身，最终会被概念的蛛丝缠死、玩死。

只要放大时间尺度，价值与价格可以等量齐观，价值投资的理念只是巴菲特借以判断趋势的工具，巴菲特在本质上也是一个趋势投资者。实际上，所有的投资者都是趋势投资者！这个神话不破，散户就永无翻身之日！

经济学家李稻葵说过一个故事。有一次，有一位鼎鼎有名的大教授被学生追问怎么才能成功？教授说：我也很困惑，为此我研究了很久，终于列出了成功的公式。在这个公式里，有各种变量，包括勤奋、天赋、机遇，但是这个公式太复杂了，我试图进行简化，简化来简化去，不幸的是，最后这些变量都消除掉了，只剩下了一个随机变量。

如果用这个小故事来简化投资市场的成功者，那么，简化来简化去，最后也有只剩下“趋势”二字。

“昔有佳人公孙氏，一舞剑器动四方。观者如山色沮丧，天地为之久低昂。”每一个投资者都应该像公孙大娘一样，舞动“奥卡姆剃刀”，彻底打碎价值思维的枷锁，将价值理念彻底工具化。

## 巴菲特时代就要落幕了

2012年12月初的一天，巴菲特在纽约推广讨论他61年职业生涯的新书《跳着踢踏舞去上班》(Tap Dancing to Work)。这是一本文集，构成了叙述巴菲特整个职业生涯的系列故事。

巴菲特对华尔街的现状感到惋惜，交易泛滥，价值沦丧，投机性交易文化取代了价值型投资。次贷危机之后，贪婪的华尔街被拖上了道德的审判台，好莱坞电影《开水房》(Boiler Room)就精彩地描述了金融机构为了佣金坑蒙欺诈，拼命兜售垃圾债券的缺德行径。

但是，如果我们和英雄迟暮的巴菲特一样，以排斥的心态而不是以理性的判断来观察华尔街的存在，就很可能成为老古董。老古董的英文“Anachronism”一词来自希腊文的ana(对抗)及chronos(时间)，意思很简单：不与时俱进，自然就会被淘汰。

其实，道德标准本身也不是凝固的。古今中外，储蓄都是美德，直到1971年8月美元宣布同黄金脱钩，货币大幅贬值，利率不断降低，西方世界的储蓄美德观才开始有了变化，认为以钱生钱，投资消费，是利人利己值得称赞的好事。

我们在商品世界市场化生存，交易是一种再正常不过的市场行为，本身无关乎道德。如果偏爱用道德眼光来打量华尔街，就很容易被表象所蒙蔽，而忽略了华尔街更深刻的进化与发展轨迹。

巴菲特的所谓价值投资理论，也是经过他在对前辈和他人理论的扬弃，不断完善成型的。例如，在格雷厄姆价值论基础上，巴菲特注入了成长性元素。在巴菲特时代的早期和中期，价值派们追求那些比较便宜的股票，就是市盈率较低的股票。到了20世纪80—90年代，人们开始可以估计企业的未来增长率，买股票已经不是买短期盈利，而是买未来盈利。所以，高市盈率对市场来说并不是问题。不少价值派们因为固守老一套，结果与高科技引领的财富快车擦肩而过。巴菲特近年来有所醒悟，开始投资高科技股票，只能算亡羊补牢了。巴菲特更像是一个经典投资时代的传奇骑士，而不是展望未来迎接数字时代的先锋。投资者唯巴菲特马首是瞻，更大的可能性是“穿越”到过去，而不是跟上时代的潮流。

83岁的巴菲特闻名天下的风格是，投资于在他看来拥有稳健业务、对经济不可或缺的企业（如铁路、公用事业和金融公司），并长期持有这些股份。这一风格的实际操作价值已经快速流失，在快速进化的社会，“稳健”已经相当稀缺，而“不可或缺”的投资效益也明显落伍。如果剥除秘不示人的“法宝”与“三高”的放大效应，巴菲特的业绩只能算差强人意，如果和新锐对冲基金相比，则“泯然众人矣”。

巴菲特对新环境下的财富新把戏感觉陌生和无奈并不奇怪。例如，巴菲特不善于做空，而做空作为一种常见的盈利手段，早已被广泛使用，成为对冲风险或博取暴利的常规武器。做空正是索罗斯等大鳄的成功之道。巴菲特说过：“查理和我都谈论过这个问题。我们很可能有100个好的卖空主意。很可能其中至少95%后来确实证明是好主意，但我认为，如果我们真的投入卖空操作，可能一毛钱都挣不到，因为那太难了。”

在巴菲特初涉股市的时候，电脑还没有被当作投资工具。在巴菲特即将退休的时候，电脑非但成为普通投资者的交易工具，以电脑网络技术为基础的量化交易和高频交易更是方兴未艾。正如纽约时报年度畅销书《宽客》所描述的，大量的投资者在不懈地寻找市场的无效性，就好像饥饿的食人鱼寻找鲜肉一样。每当市场价值偏离轨道的时候，电脑武装的宽客食人鱼就会猛扑过去，风卷残云一般让市场重归秩序，也把自己喂得饱饱的。大功率计算机像雷达一样扫描着全球市场。

交易技术与交易文化相互感染相互推动,巴菲特“买入,持有”的策略在舆论上依旧享有道德声誉,而在实际操作层面上,以“买入，交易”为特征的新华尔街文化无疑更引人注目。

中国经济增长虽快，但企业的不确定性更强，要找到亮点是非常难的事情。利用市场的波动，谋求差价利润，无疑更现实也更可行。



“买入，交易”的另一个理由，就是产品周期在互联网出现后大大加快了。在 1990 年之前，从新产品诞生，到进入市场取得收益,再到最后退出市场,这样一个周期一般需要 6~7 年时间。在此期间，公司需要找到一个新的产品来替代，从而保持企业盈利的稳定。但到了 20 世纪 90 年代之后，产品周期开始变短。电脑 CPU 行业表现得尤为明显。该行业有一个摩尔定律，就是 CPU 的速度在 18 个月内就能翻一番。竞争对手死咬不放，领先者疲于奔命，各领风骚几个月的情形越来越常见。“方生方死，方死方生”的生存竞争在手机、电脑等高科技领域体现得淋漓尽致。

产品周期的缩短使得上市公司股价变得更不稳定，而在波动性更大的市场中，“买进，交易”的策略无疑更有优势。另外，交易的佣金越来越便宜，使得人们持股的时间越来越短了。根据纽约证交所的数字：投资者持股平均时间，1970 年 63 个月，

1980年33个月，1990年26个月，2000年14个月，2010年6个月。

曹仁超在“资产时代走向无产时代”一文中说，如今，价值投资法已被趋势投资法取代。未来投资大方向，则是由“资产”时代走向“无产”时代。新一代的财富来自知识产权，例如百度、阿里巴巴、李宁、思捷环球、ZARA等品牌拥有者。这些企业拥有的只是“品牌”，而不是“资产”。品牌较资产更值钱，例如，HSBC这四个英文字母的价值超过汇丰在香港总行的物业价值，“信报”两字亦超过《信报》所拥有的有形资产的总和。我们早已进入投资“无形资产”时代！

巴菲特那个牢不可破的价值世界已经在悄然流变。货币会波动，利润会波动，国家会因流行性危机而破产，传统产业的盈利模式在消失，越来越多的公司会发行股票和债券，债券会被证券化，交易对象背后的价值越来越远离投资者的理解范围，轻点鼠标，数十亿美元就从地球的一角转移到另一角。巴菲特尽在掌握的世界日渐模糊，巴菲特熟稔的时代渐行渐远了。

巴菲特不可能不会料到这一天的到来，但未必能想到市场的变革会来得这么快。观念的正面交锋早已发生。《富可敌国》一书中说，1984年春末，哥伦比亚商学院举办了一场金融巨头之间的辩论会，邀请金融学术界的泰斗之一迈克尔·詹森作为正方，来解释有效市场观念的正确性，并邀请巴菲特作为反方和他对垒。面对专业投资者，詹森讲述了自己的随机漫步理论，坚信少数几个貌似否定了随机漫步理论的基金经理只不过是运气好而已。巴菲特反驳，气势上还略胜一筹。但是，毫无疑问，价值投资理论已经在学术上被请下了神坛，被还原成众多不同投资理论中的一种而已。

一个老英雄谢幕，无疑能将聚光灯的焦点转移到一批新英雄

们的身上。《富可敌国》记叙，自1949年阿尔弗雷德·温斯洛·琼斯在纽约建立起第一支对冲基金以来，在国际成熟金融市场已经成为资产管理行业的主流之一，管理的资产超过2万亿美元。而且，因其积极主动的投资策略在资本市场起着举足轻重的作用，对冲基金还创造了一批大名鼎鼎的投资精英，除了公众熟悉的乔治·索罗斯，还有靠“量化黑盒子”出名的詹姆斯·西蒙斯，在2008年的金融危机中赚得盆满钵满的约翰·鲍尔森等。

老英雄其心里并不服气。在2009年，巴菲特就发出警告：要提防炮制公式的极客。他的老搭档查理·芒格也说：“人们以为有了更高深的数学和强大的电脑模型就可以当上帝了。而实际上他们当的是恶魔。要知道，在金融学的混沌世界里，不存在什么单一真谛。”如果这话说得不错，那么，巴菲特一贯坚持的价值投资法也不是单一真谛吧？

时代在变，市场在变，企业在变，交易者在变，交易的理论和策略也在变，唯有人性不变！

## 打造自己的交易体系

现在的交易理论与方法五花八门，将来还会有更多的交易理论与方法。交易方法既没有更好，也没有最好。或者说，没有不好的交易方法，只有不好的交易者。就好像渔网，无论什么渔网都不可能大鱼小虾通吃，只有是否适合你使用，是否适合你的配套设备，是否适合你的收获目标。如果你是一位孤舟蓑笠翁，那么，一根钓竿足矣。

对于资金、信息、经验都明显处于劣势的散户来讲，股票游戏最重要的要素就是趋势，在上升趋势中做多，在下跌趋势中做空。在股票游戏活动中，是技术分析重要，还是基本分析重要？答案是：技术分析。技术分析的核心要素是什么？答案是：K线、均线、成交量。

有朋友对我说："我常听你的股票节目，很不错。当然，所有的股评师都是一副头头是道、胜券在握的架势。但实际上呢，就是瞎扯。你们开出了药方，却从来不号脉！每一个人的具体情况都不一样，策略和期望值也不一样。对这位投资者来说，逢低吸纳可以中线布局，对另一位投资者来说，则很可能是短线陷阱！"

我笑笑说："你说得非常正确！所有的股评师心里都清楚，如果没有逻辑严密的交易体系，任何外界的建议都没有什么价值。股评，其实也就是一档子半娱乐化节目，给那些焦虑的小散户做些情绪按摩而已。真正像你这样成熟的投资者又怎么会听股评师的忽悠呢？"

朋友推荐了一套"黄金十则"，说是十年心血的结晶，照着做就能富可敌国。我看了一下，属于趋势投资法，没有太深奥的技术细节，简单易操作。现在罗列出来，供读者朋友们参考。

1. 只买看得见上升轨道的股票，不买下降轨道的股票。如果股票一直在上升轨道，就永远持有，永远不要卖！你不必在每一匹崭露头角的马上下注。要下就赌最快的。如果误买了下降通道的股票，赶紧卖出，避免损失扩大。

2. 在上升轨道的下沿买进股票，到上升轨道发生明显的变化时卖出。底部让一点，头部让一点，中间多吃一点，上涨是看支撑，下跌找压力，操作就是这样，多空一线间。

3. 能领导我们的最高权威只有一个，那就是大盘。学着去解

读大盘的讯号，大盘局面看不清，就走自己的路，把机遇和风险大大方方地留给别人。能赚能守，才是赢家。

4. 不要把所有的钱一次性买进同一只股票。你没有最后一桶金羲尼。即便你非常看好它，而且事后证明你是对的，也不要一次性买进。总有可能买得更低，或者有更好的机会买进。

5. 短线操作靠等待，长线布局靠忍耐。不见长红不回头，不见长黑不止跌。知道如何等待，才是股市成功的秘诀，股票很便宜了，跌了很多了，不是你买入的理由，永远不是！它还可能更加便宜！股票很贵了，涨了很多了，也不是你拒绝买入或者卖出的理由。他还可能涨得更高！

6. 大概率博弈。猎人不会看到飞鸟就举枪射击，他会把有限的子弹慢慢瞄准，然后，一枪命中。柿子捡软的捏，炒股也一样。

7. 赢钱时加仓，输钱时减码。股票到了高档，不知道要跑，到最后肯定是白忙一场，纸上富贵而已。会买是徒弟，会卖才是师父。怎样获利了结？当你满意的时候就可以走了。用什么方法进，就用什么方法出，当你买进的理由消失时，就是很好的出场时机。

8. 炒股是炒将来。不要相信业绩，那只代表过去，不代表将来。看清楚这一点，就能摆正心态，涨的时候不要看得太好，跌的时候不要看得太坏。

9. 不要迷信价值，价值不过是影响市场波动的众多要素之一。不要迷信巴菲特，因为你不是巴菲特。承认市场是对的，然后跟着市场站在对的一边。

10. 稳利 + 复利，熊市不拿股市一针一线，长线持股必须看大盘。不要买太多的股票，最好不要超过五只。你没有那么多精力看着它们。而且要记住，股票不是你生活的全部，别把丰富多彩的幸福人生炒煳了！

有无完整的交易体系是划分投机者是否成熟的标志。“不理会股市的涨跌，不担心经济形势的变化，不相信任何预测，不接受任何内幕消息，只注意两点:(1)买什么股票;(2)买入价格。”这可能是巴菲特“沙滩椅”的最显著特征。

有索罗斯的崇拜者说:“我个人认为学习巴菲特的精髓并不很难，但是想学到索罗斯的本事是难上加难！索罗斯必须有鹰的眼睛、熊的力量、豹的速度、战士的勇气以及常人不能企及的临场决战能力，才能完成一个又一个不可思议的阻击战。”

如果索罗斯听到这句话，可能只是莞尔一笑而已。对于具有成熟交易体系的索罗斯而言，应该是非常轻松的。他的交易系统发出了信号，令行禁止而已，再简单不过了。他不过是在重复劳动而已。恰恰是那些整天盯盘、打探消息、晚上还要看外盘，甚至还去上市公司调研，外出旅游还要带上巴菲特传记的中小散户，累得苦不堪言，他们没有找到自己的交易体系。或者说，自以为有一套自己的系统，又很不完善，很多东西没有包含在内，不得不经常违反它。

投资大师的神奇椅子并不是与生俱来的。巴菲特和索罗斯都用了几乎20年才找到自己的“沙滩椅”。

当1950年进入哥伦比亚大学去听本杰明·格雷厄姆的证券分析课时，巴菲特只有20岁，但他已经是个老练的投资者了。巴菲特追涨杀跌，试图寻找绝世武功，在小散境界里奋斗多年，犯过很多错误，有过很多教训，最终才逐步形成自己的体系——“超级三高”、“四大法宝”、“五味情花毒”……类似地，当索罗斯在1969年创办双鹰基金时，他已经花了近二十年的时间锻炼他的技能。

交易系统这把椅子有四条腿：一条是入市条件，一条是在风险控制之下的头寸规模确定，一条是波幅跟踪止损退出策略，一条是事后的回报与风险评估。

交易大师舒适地躺在这把椅子上，轻松自然地遵守着自己的系统。他们并不强迫自己，因为系统的每一个方面都与他们的个性完美相符。在这把椅子上，索罗斯一背痛就知道投资组合有问题，而巴菲特能在短短几分钟之内决定购买一家价值 10 亿美元的公司。在这把椅子上，投资大师们即便不能咬到自己的耳朵，似乎也能用舌头舔到自己的耳朵，似乎能用肉眼看到 K 线的前进路径——这是一把舒适而神奇的财富之椅。

沙暖风情，碧海蓝天，云卷云舒，潮起潮落，你发现你也坐在这把椅子上了。投资不仅是一项自我挑战，更能享受生活，直通未来。你会把金融媒体和金融电视节目上的信息当笑话看，它们所传达的信息基本上是垃圾。看到别人成功的时候，你不会再羡慕、迷惑或自我怀疑。你可能会想："哦，这是一种有趣的投资方式……但不是我的方式。"你开始成为自己的诗人、自己的哲学家、自己的君王、自己的交易体系的首席建筑师。



幕间茶话

## 太阳照常升起，我就依旧赚钱

"1991 年我们一同骑车去排队买股票认购证，你还掉到了坑里。现在你都有私人小飞机了，我还在卖口水。和股票一样，有的翻了几千倍，有的被 ST 了。"我对牛卫东感慨道，"你是如何成为'股神'的？"

“那天遇到一窨井，没盖子，前轮就要掉下去了。我腾空而起，人摔在两米开外，毫发未伤。肾上腺皮质激素像液体火箭一样把我发射出去了。骑车的动力来自肌肉，预警和避险出于本能。我是第一批股民，资金只有几千元，追涨杀跌，极端亢奋，脑子不笨，加上运气好，赚钱了。那时，你的财富快车是自行车，操作体系还相当混乱，是无意识的未经打磨和提炼的原生态体系。

“资金翻了100倍，我的‘自行车模式’也升级为‘摩托车模式’了。判断车速，凭肉眼不准确了，你要看速度表了。

“资金又翻了100倍，你的交易模式又要升级换代了——小汽车，‘人车合一，贴地飞行’。几百万资金被我编入一个相对长线的投资组合。我情愿做对了亏点小钱，也不愿做错而侥幸赚了大钱。打个比方，在没有行人和摄像头的路口我也绝不闯红灯。

“我现在作为大型投资机构的合伙人，好比开飞机。我的交易依赖完善的机械系统、导航系统和安全系统。资金规模越来越大，交易体系的复杂性和规范性就越高。

“道理很简单，质量越大，速度越快，惯性越强，风险越大。而一旦完成了交易者和交易体系的磨合，再复杂的工作又都变得简单了——复杂的事情简单做，简单的事情认真做，认真的事情重复做，重复的事情娱乐做。”

“巴菲特最怕恐怖分子的原子弹，你最怕什么？”我问。

“碰到劫机犯，巴菲特所有的操作体系全都归零，他当然害怕。我有三怕：一怕证券市场关门；二怕人性变异；三怕牛顿的惯性定律失效。感谢上帝，证券市场现在看来还不会关门；人性

几千年不会有大的变化；惯性定律应该存在几十亿年了，跟随时间一直在走。”

我坚持问道：“如果选一个你最害怕的呢？”

牛卫东说：“就是第二天太阳不再升起！那就选惯性定律失效吧，因为前两条说的也还是惯性定律。惯性决定趋势，趋势是我最忠诚的朋友。”

“你担心太阳不再升起？”

“我们不能因为太阳每天都升起，就一定断定明天的太阳就一定升起，太阳没有这个义务，它不欠我们的。感谢上帝，每天我们看到太阳依旧升起，市场依照开盘，人性依旧贪婪，股神依旧在忽悠，‘巴Q’们依旧要赔钱——哈哈，还有比这更开心的吗？”

我能想象他跷着二郎腿，撇着嘴角，一脸坏笑的模样。不管怎样，我希望你在股市里赚钱，而不是赔钱。